Harry Thürk **DER LANGE MARSCH**

W0109439

Harry Thürk

DER LANGE MARSCH

Mao Tse-tungs Weg zur Macht

Brandenburgisches Verlagshaus

Bildnachweis: Archiv des Autors,
Abb. auf S. 105 und S. 109 Archiv für Kunst
und Geschichte GmbH Berlin

Kartenzeichnung: Manfred Meyer, Berlin

Die geographischen Namen sowie auch die Personennamen werden mit wenigen Ausnahmen nach der international am weitesten verbreiteten Umschrift
von Wade-Giles wiedergegeben.

Die Deutsche Bibliothek – CIP-Einheitsaufnahme
Thürk, Harry:
Der Lange Marsch: Mao Tse-tungs Weg zur Macht/Harry Thürk. - Berlin:
Brandenburgisches Verl.-Haus 1998
ISBN 3-89488-122-4

ISBN 3-89488-122-4
© 1998 by Brandenburgisches Verlagshaus in der
Dornier Medienholding, Berlin
Schutzumschlag: Rex Verlagsproduktion München
Gestaltung und Satz: Typografik & Design – Ingeburg Zoschke
Druck und Binden: Westermann Druck Zwickau
Printed in Germany
Gedruckt auf alterungsbeständigem Papier mit
chlorfrei gebleichtem Zellstoff.

Inhalt

Vorbemerkung

Der Autor hat historische Gestalten und ihr Wirken nach seinen eigenen Erkenntnissen dargestellt, ohne sich an die von verschiedenen China-Historikern vorgegebenen und teils einseitigen Ausdeutungen zu halten. Nicht historisch überlieferte Personen hat der Autor frei erfunden.

Der Chronist ist eine solche Person. Der Autor weiß, daß ein Mann namens Hsu Meng-chu, der in Jenan noch gesehen wurde, vor, während und nach dem Langen Marsch, Aufzeichnungen über den Ablauf des Geschehens gemacht hat. Hsu Meng-chu hatten beide Beine bis zu den Knien amputiert werden müssen. In Jenan verlor sich für den Autor jedoch seine Spur. Er entschied sich daher für die Verwendung einer fiktiven Figur namens Hung.

DER CHRONIST

Eigentlich begann alles damit, daß ich diesen Mann auf der Insel Fu Hsing versteckte, jenem Flecken Schwemmsand und Schlamm mitten im Huang Pu Fluß, auf dem im Laufe der Zeit Bäume und Gras, Büsche und allerlei Gestrüpp ein verfilztes Naturparadies geschaffen hatten, in dem Räuber zu hausen pflegten – jedenfalls bis sie sich einen komfortableren Platz an Land leisten konnten.

Ich sollte erwähnen, daß ich ein kleines Boot besaß, ein Geschenk meiner Eltern zu meinem achtzehnten Geburtstag. Meine Familie galt für die chinesischen Verhältnisse der frühen dreißiger Jahre als ziemlich reich. Ich hatte – wenn auch widerstrebend – eine recht umfassende Bildung erworben. Aber gerade der Umstand, daß meine Eltern mir diese Bildung sozusagen »verordneten«, führte später wohl dazu, daß ich kurz nach meinem achtzehnten Geburtstag auskniff, auf einem niederländischen Schiff anheuerte und etwa fünf Jahre zur See fuhr, zwischen meiner Heimatstadt Shanghai, dem südlichen Pazifik, Honolulu, Tokio.

Meine Eltern, zu denen ich kein rechtes Verhältnis mehr fand, waren das, was die Revolutionäre späterer Jahre als »Kompradoren« bezeichneten, »eine verabscheuenswerte Art Menschen«. Sie machten Geschäfte mit den ausländischen Mächten, die über den Handel Fuß in China fassen wollten, diesem unermeßlichen Markt für Petroleumlampen, Kattunhosen, Kämme, Läusepuder, aber auch für die billige Droge Opium.

Als ich den Fremden auf die Insel brachte, besaßen meine Eltern bereits eines der großen Kaufhäuser in der Nanking Lu, der Hauptgeschäftsstraße, nicht weit vom Bund, hinter dem, wie die Leute sagen, das große Wasser beginnt, der Huang Pu, der seine schlammigen Fluten zum Pazifik hin wälzt.

Sie wollten mich nicht mehr sehen, und auch ich war mir zu dieser Zeit durchaus nicht ganz sicher, ob ich das Zerwürfnis bedauern oder begrüßen sollte. Schließlich halfen meine Eltern den Ausländern, China auszuplündern, und wurden dafür reich belohnt.

Nachdem ich einige tausend Schriftzeichen beherrschte und auch sonst einiges an Bildung aufgenommen hatte, zog es mich zur See. Ich liebte den Wind, den Salzgeschmack der Luft, den Blick vom Hauptmast eines Schiffes in die Weite.

Und dann kam diese Nacht, in der mir der Unbekannte regelrecht vor die Füße fiel. Ich hatte die Taschen voller auf See verdienter Dollar und wollte zum Seemannsclub.

Es war stürmisch. Nur wenige Leute flanierten auf dem Bund, dieser sozusagen internationalen Straße, auf der sich Chinesen nicht sonderlich wohl fühlten, zumal es Zeiten gegeben hatte, da es ihnen strikt verboten war, hier zu gehen.

Der Mann brach buchstäblich vor mir zusammen. Ein hagerer, verhungert aussehender Mensch, der älter als ich war, Schwären im Gesicht hatte, und einen Geruch nach Moder verströmte, der mir trotz des Windes in die Nase stieg. Der Aufenthalt auf See hatte mich gelehrt, daß man sich hilft, und so fragte ich ihn, ob ich etwas für ihn tun könnte. Mit heiserer Stimme erklärte er, daß er aus einem Gefangenentransport entflohen sei und man ihn bereits suche. Er brauche ein Versteck, in dem er etwas zur Ruhe kommen könne, zu Kräften.

Sofort fiel mir die Insel ein. Mein Boot hatte ich zwar, als ich zur See ging, einem Schulfreund übereignet, aber man würde ja sehen. Er stammte ebenfalls aus einer begüterten Familie, arbeitete im Fischgeschäft seiner Eltern und besaß eine Fischbraterei. Es war ein schneller Entschluß. Ich winkte einem der Rikschakulis, die im Schatten der Häuser Schutz vor dem Wind suchten. Wir kletterten rasch in sein Gefährt und rollten nordwärts, bis in die Gegend, in der mein Freund seine Braterei betrieb.

»Ich heiße Lu«, teilte mir der Entflohene unterwegs mit.

»Und was haben Sie verbrochen?«

Er versuchte ein Lächeln. Zum ersten Mal merkte ich, daß es sich nicht um einen ungebildeten Mann handelte, denn er wählte seine Worte trotz seiner körperlichen Schwäche sorgfältig.

»Ich bin nach landläufigen Begriffen kein Krimineller. Oder vielleicht doch, denn was ich getan habe, wird hierzulande auch als Verbrechen bezeichnet. Ich habe mich schuldig gemacht, weil ich anders denke, als es die Herrschenden mögen.«

Wer zur See gefahren ist und fremde Städte gesehen hat, ist auch mit fremden Ideen in Berührung gekommen. Mir selbst war nicht entgangen, was sich etwa in Japan als »sozialistische Bewegung« tat und wie die dortige Regierung damit umging.

»Ein Politischer also?«

»Ich danke Ihnen für Ihre Hilfe.« Der Mann blickte hinüber zum Bürgersteig, wo eine Polizeistreife entlang hastete. Gut möglich, daß sie gerade ihn suchten. Als wir ein Stück entfernt waren, bot er mir an: »Wenn Sie wollen, gehe ich von hier ab wieder allein meinen Weg.«

Aber das wollte ich nicht. Im Gegenteil, der Mann begann mich zu interessieren. Ein Politischer. Vermutlich einer dieser Sozialisten, wie es sie in Japan und anderswo gab. Ge-

9

rechtigkeitsfanatiker nannten manche das. Ihr Ziel war, die schreiende Ungerechtigkeit in den Lebenschancen der Menschen unterschiedlicher Bevölkerungsschichten zu beseitigen. Notfalls, so hieß es, mit Gewalt. Das hatte die Regierenden gegen sie auf den Plan gerufen.

»Wir fahren zusammen weiter!«, entschied ich. »Und ich werde Sie an einen sicheren Ort bringen, wo Sie wieder zu Kräften kommen. Ich habe die Möglichkeit dazu.«

Es war nicht schwer, meinen Freund zu finden, er hielt sich in der Braterei auf. Bei ihm verkehrten viele Franzosen, und der kleine Imbiß war das, was man in Shanghai eine Goldader nannte. Er lag in dem Teil der Stadt, den die Franzosen für sich beanspruchten. Ganz Shanghai war damals von den großen ausländischen Mächten in sogenannte Einflußzonen aufgeteilt, die sie »Konzessionen« nannten. Hier galten ihre Gesetze, nicht die chinesischen, sofern es die überhaupt gab.

Mein Freund schickte seinen halbwüchsigen Sohn mit uns zum Liegeplatz des Bootes, und zusammen ruderten wir auf die Insel. Der Junge kannte eine Hütte, in der zuweilen Kinder gespielt hatten. Hier war der Flüchtling Lu vorerst sicher. Er brauchte nicht unbedingt ärztliche Hilfe, sondern vielmehr Ruhe und auch etwas zu essen.

Am nächsten Tag brachte ich ihm einige Lebensmittel. Er dankte mir überschwenglich, und als ich den Dank höflich abwehrte, kamen wir ins Gespräch über die Umstände, die ihn in diese Lage gebracht hatten.

Ich hatte genug von der Welt gesehen, um zu wissen, daß mein Land nun schon viel zu lange Spielball fremder Interessen war. Insofern fanden wir beide bald einige Gemeinsamkeiten in der Beurteilung der Lage. Ausgiebig sprachen wir über Wege, die mein Land aus seiner bedauernswerten Situation herausführen könnten. So erfuhr ich, was mich nicht sonderlich überraschte, daß Lu zu einer verhältnismäßig gut organisierten Gruppe von Rebellen gehörte, die politische Ziele verfolgten. Lu sprach von Revolution.

Nun war der Begriff der Revolution für Chinesen nicht sehr neu. China hatte eine lange Tradition von Revolten. Allerdings brachten die Rebellionen in den seltensten Fällen durchschlagende Veränderungen. Mit Ausnahme jener, die Sun Yat-sen führte. Aber ich will nicht vorgreifen.

Bis vor etwa hundert Jahren war China von anderen Ländern so gut wie isoliert gewesen. Die meisten Chinesen wußten vom Rest der Welt nichts oder nicht viel. Die Bezeichnung »Reich der Mitte« war also recht treffend, man empfand sich tatsächlich als Mittelpunkt der Welt, ringsum wähnte man Barbaren, was durch die gelegentlichen Einfälle der Reiterhorden mongolischer Khans im Norden durchaus bestätigt wurde.

Allein die jeweiligen Herrscher Chinas durften sich für das, was »außen« war, interessieren. Sie empfingen fremde Gesandte und Reisende, sie sorgten dafür, daß die großen chinesischen Handelsgüter wie Seide und Porzellan, aber auch Schießpulver und Papier bei den »Barbaren« bekannt und begehrt wurden. Zu ihrem Vorteil, natürlich.

Eigentlich war China nicht arm, wenngleich man als Fremder diesen Eindruck sehr wohl gewinnen konnte, sobald man im Lande herumkam, die unzähligen armen Leute sah, die Not, in der sie hausten, und wenn man erkannte, daß Bildung und Kultiviertheit zwar einen hohen Stand hatten, allerdings nur bei einer verschwindend dünnen Oberschicht, die Land besaß und damit Macht, Einfluß, Geld, nicht selten eigene Polizisten oder Soldaten.

Das einfache Volk, und das waren immerhin etwa 400 Millionen Menschen, lebte von dem, was ein geringer Teil – nicht viel mehr als zehn Prozent des bebaubaren Landes – an Reis, Gaoliang und anderen Feldfrüchten hergab, und was darauf an Vieh gezogen werden konnte. Da das Land nicht ihnen gehörte, mußten die Bauern horrende Pacht zahlen und waren in der Regel bis in die nächste Generation hinein verschuldet.

Manche Fremden redeten ziemlich abfällig über den sozialen Standard der Chinesen. Obwohl sie damit nicht ganz unrecht hatten, ahnten sie eben nichts von der langen Tradition der chinesischen Zivilisation, geschweige denn von deren Eigenheiten, die sich eben nicht ausnahmslos zum Segen für die Bürger auswirkten.

Sie machten meist ungläubige Gesichter, sobald man ihnen vorrechnete, daß schon unter dem Chou-Kaiser, etwa tausend Jahre, bevor im vorderen Orient die Christuslegende entstand, eine staatliche Zivilisation in China begründet wurde. Daß es Konfuzius gab, den Philosophen, der mit seiner einzigartigen Morallehre ein Sittengefüge schuf, das Harmonie und Unterordnung in Familie und Gesellschaft zum Prinzip menschlichen Zusammenlebens machte – bis heute übrigens.

Die kaiserlichen Dynastien lösten einander ab. China blieb, wie es war, über alle Stürme hinweg, die es zausten. Ein Land mit sehr wenigen, die sehr viel besaßen, und sehr vielen, die darbten, ohne sich zuweilen dessen bewußt zu sein.

Inzwischen bereicherten sich ausländische Mächte an dem »wehrlosen Riesen China«, wo sie nur konnten. Die Engländer, die schon Indien unter ihrer Gewalt hatten, verfielen auf die Idee, Südchina mit einer billigen Droge zu überschwemmen, die aus Indien kam, und die in China wertvolles Silber, Elfenbein, Gold, Porzellan und Edelsteine einbrachte, ohne die Scherereien einer direkten Kolonisierung. Opium.

Es kam deswegen zum sogenannten Opiumkrieg mit England. China, das um diese Zeit von der Dynastie der Mandschu regiert wurde, die ihre Macht ihren Reiterhorden ver-

12

dankte, und die Einfuhr verbot, verlor die recht ungleiche Auseinandersetzung.

Was dann folgte, nannten die Ausländer dezent »Politik der offenen Tür«. Das hörte sich harmlos an, bedeutete aber weiter nichts, als daß die großen Kolonialmächte, die über entsprechende militärische und industrielle Mittel verfügten, China sozusagen unter sich aufteilten – nicht ohne Streit, aber immerhin zu ihrem Nutzen und zum Nachteil der Chinesen. Sie nannten China nie »Kolonie« mit Ausnahme Hongkongs, das sie direkt annektierten, aber sie bestimmten, was in diesem Lande Recht war und was Unrecht.

Es kam zu unzähligen Aufständen. Aber nur wenige wurden von der übrigen Welt wahrgenommen. Interessant ist, daß sie sich – mit gelegentlichen Ausnahmen – meist gegen die Dynastie der Mandschu-Herrscher richteten, die den Ausländern bei der Plünderung Chinas nicht etwa Widerstand leisteten, sondern ihnen inzwischen sogar direkt oder indirekt halfen. Das einfache Volk wollte eine Dynastie, eine Regierung, eine Staatsmacht, die sich den unverschämten Ausländern entgegenstellte.

Es gab die Taipings, die I Ho Tuan, es gab viele kleinere Rebellionen von Bauern, die ihrem teuren Pachtland nicht einmal mehr das Existenzminimum abringen konnten, geschweige denn die stetig steigenden Zinsen an die Grundbesitzer zahlen. Doch alles Aufbegehren brachte – wenigstens bis zum Ende des 19. Jahrhunderts – keine entscheidende Wende.

Inzwischen erkannten auch die Angehörigen der gebildeteren Schichten, daß es mit dem Land so nicht weitergehen konnte. Sie fühlten sich zunehmend von den Ausländern gedemütigt, die China als ihre Domäne betrachteten und sie mit Hilfe der sogenannten Kompradoren, jener Zwischenschicht, die aus den Diensten für die fremden Herren Kapital schlug, ausbeuteten. Weil sie sich den Ausländern intellektuell unter-

13

legen fühlten, wollten sie China endlich modernisieren, damit es dem Ausland Paroli bieten könnte. Viele von ihnen waren durchaus Patrioten. Sie schickten ihre Kinder auf ausländische Schulen und Universitäten, um sie für die Reformierung des chinesischen Lebens ausbilden zu lassen, gleichwertig mit den Ausländern zu machen. Viele kamen mit modernen Ideen und großem Enthusiasmus zurück. Aber inzwischen war der Pekinger Kaiserhof, der von der alten Witwe Tse Hsi beherrscht wurde, so versteinert, daß selbst kleinste Modernisierungsversuche scheitern mußten. Die Heimkehrenden stießen auf schier unüberwindliche Hindernisse und gaben meist auf.

Einer, der nicht aufgab, war Sun Yat-sen, ein Bauernsohn aus der südlichen Provinz Kwangtung. Er verbrachte viele Jahre im Ausland und nahm dort die Idee der bürgerlichen Demokratie in sich auf. Je mehr er sich mit Politik befaßte, desto sicherer erkannte er, daß es für sein Heimatland keinen anderen Ausweg gab, als die Mandschu-Dynastie zu stürzen, eine chinesische Republik zu errichten und dann die Souveränität zu erkämpfen. Die geheime Organisation, die er 1905 – noch in Japan lebend – gründete, war ein »Revolutionsbund«. Später nannte der sich »Nationale Partei«, was im Chinesischen mit »Kuomintang« übersetzt wurde. Ein Name, der sich bald verbreitete und einen gewissen patriotischen Klang bekam, als die Anhänger dieser ersten Partei in China 1911 die Mandschus stürzen konnten und die Republik ausriefen.

Sun Yat-sen hatte für die Partei drei Grundprinzipien aufgestellt: das China seine nationale Unabhängigkeit wieder erlangte, das Volk demokratische Rechte bekam und das Land denen gehören sollte, die es bebauten.

Womit Sun Yat-sen wohl nicht gerechnet hatte, war die Ausbreitung von Gruppen- und Einzelinteressen besonders gegen die beiden letzteren Prinzipien seines Programms.

14

Sun Yat-sen (1866 – 1925),
der große bürgerliche Revolutionär Chinas, Gründer der Kuomintang-
Partei und 1. Präsident der chinesischen Republik.

Grundbesitzer etwa kauften sich sogenannte Kriegsherren,
ließen sie Truppen rekrutieren, mit denen sie dann – regional
recht unterschiedlich – ihre Eigeninteressen gegen die demo-
kratischen Ziele der Kuomintang »verteidigten«. Dabei ging
es ihnen meist um die Niederhaltung aufsässiger verarmter
Bauern. Arbeiter spielten in diesem China noch kaum eine
Rolle, die Industrie steckte noch in den Anfängen.

Auch die Entwicklung am Kaiserhof in Peking, die schon
vor Sun Yat-sens Proklamation der Republik eingesetzt hatte,
durchkreuzte letztlich seinen Plan für eine durchgreifende
Demokratisierung des Landes. Die Kaiserinwitwe Tse Hsi
hatte – schlau wie sie war – durchgesetzt, daß der erst zwei
Jahre alte Pu Yi letzter chinesischer Kaiser wurde. Die Geschäfte versah indessen ein durch und durch korrupter, ver-
schlagener Apparat von Bürokraten, Beamten und Eunuchen,
der sich nichtsdestotrotz durch eine gewisse Anpassung an

15

die Stimmung des Volkes Luft verschaffte: Man versprach
»Reformen«. Es wurde von einer Verfassung mit Parlament
geredet, Änderungen in der Regierung sollten stattfinden.
Doch dann traten plötzlich die regionalen Militärchefs in Aktion, die einzigen realen Inhaber von Macht im Lande, die
übrigens aus Gewehrläufen kam, wie erst um einiges später
durch einen Aphorismus Mao Tse-tungs weltweit als Behauptung verbreitet wurde. Als dann – weil es eben auch unter den
Soldaten unterschiedliche Meinungen und Interessen gab, die
Garnison von Wuchang am Yangtse meuterte, um den Ideen
Sun Yat-sens zum Durchbruch zu verhelfen, stimmten nach
und nach bald alle übrigen Militärchefs der Abdankung des
Kindkaisers Pu Yi und der formalen Ausrufung der Republik
zu. Alles in der Gewißheit, daß natürlich auch in der Republik die Macht weiterhin aus den Gewehrläufen kommen
würde. Sie ließen von Anfang an keinen Zweifel daran, wer
in diesem neuen Staatswesen das Sagen haben sollte.

Alles, was Uniform und Waffe trug, nannte sich fortan
»Revolutionäre Armee«, selbst ausgesprochene Räuberban-
den brachten das fertig.

Sun Yat-sen stand vor einer schweren Entscheidung. Re-
klamierte er das Amt des Präsidenten der Republik für sich,
sah er bewaffnete Konflikte voraus, die er unbedingt vermei-
den wollte. Er war kein Mann der Waffen und des Blutver-
gießens. Außerdem war seine »Hausmacht« nicht gerade
überwältigend, und aus Waffenträgern bestand sie ohnehin
nicht. So stimmte er einem Kompromiß mit den bedeutend-
sten Militärmachthabern zu. Sie stellten den ersten Präsidenten, den General Yüan Shi-kai. Damit blieben – trotz aller
Versuche Sun Yat-sens, eine Demokratie aufzubauen – die
Generäle, die Kriegsherren und die Schicht der teils sogar etwas gebildeten, aber stockkonservativen Beamten zusammen
mit den einflußreichen Landbesitzern Herren des Reiches.

Aus Sun Yat-sens Bewegung entstand eine Partei, die im Kern fraglos fortschrittlich war, aber bald in verschiedene Lager auseinanderdriftete, gemäß den sehr unterschiedlichen wirtschaftlichen und politischen Interessen ihrer Anhängerschaft.

Yüan Shi-kai inszenierte am Pekinger Hof eine Schmierenkomödie. Er führte sich wie ein Kaiser auf, und als er 1916 starb, folgte ihm ein weiterer General. Der holte sogar für drei Tage den Kindkaiser Pu Yi auf den Thron zurück, aber für eine Restauration der Monarchie war es doch schon zu spät – es begann das chaotische Regime der provinziell oder nach größeren Machtbereichen orientierten Kriegsherren, der Generäle mit ihren Armeen. Sie raubten die Bevölkerung der von ihnen beherrschten Gebiete zwar selbst aus, aber sie waren nicht abgeneigt, mit den ausländischen Mächten, die um ihre Interessen in China bangten, lukrative Verträge zu schließen. Mit ihrer Duldung wurde etwa den Japanern – außer dem ehemals deutschen Kolonialgebiet Kiautschau – die Vorherrschaft über den Süden der Mandschurei sowie die innere Mongolei überlassen. Tibet und die äußere Mongolei hatten sich bereits zu selbständigen Staaten erklärt. Dieser nationale Ausverkauf beförderte indes neue Rebellionen im Lande, besonders unter der Jugend, den Studenten, die lautstark protestierten.

Von den ausländischen Mächten gingen nach Beendigung des Ersten Weltkriegs neue Versuche aus, vom »Kuchen China« weitere lohnende »Häppchen« abzubekommen, oder – noch besser – China für sich selbst zu gewinnen. Die aus dem Zarenreich Rußlands entstandene Sowjetunion nahm sehr schnell ihre Chance wahr. Rebellionen, sagten sich die Strategen in Moskau, können zur Revolution geführt werden, und diese kann in einen weiteren Sowjetstaat münden. Also unterstützte man die Rebellion theoretisch und praktisch. Neben einer »Gesellschaft zum Studium des Marxismus« wurden

Gruppen zum »Studium russischer Angelegenheiten« in China ins Leben gerufen. Die Agenten der Kommunistischen Internationale Gregori Woitinsky und I.K. Mamajew trafen in China ein und begannen zu wirken. So kam es bereits im Juli 1921 in Shanghai zur Gründung einer kommunistischen Partei Chinas. Sie zählte etwa 300 Mitglieder, und ihr erster Chef wurde der Pekinger Professor Chen Tu-hsiu, der schon seit einiger Zeit das revolutionäre Magazin »Neue Jugend« herausgab.

In verschiedenen Provinzen ahmte man Shanghai nach. So kam es auch in Hunan und anderswo zu Parteigründungen. Lokalchef in Hunan war der Bauernsohn Mao Tse-tung, der sich als Autodidakt bereits mit der Theorie von Marx und anderen Sozialisten befaßt hatte.

In Kreisen der Kuomintang, die sich nach wie vor als »Nationale Volkspartei« verstand, beäugte man die Linksentwicklung mißtrauisch. Aber es gab auch im Zentrum der Kuomintang »Linke«, die in Konflikten mit Parteirechten standen. Sun Yat-sen sah sich in einer prekären Situation. Er hatte zwar mit seinen Ideen im Süden Chinas Fuß gefaßt, aber der Norden tendierte durchaus nicht freudig zur Kuomintang, weil hier die stärksten Kriegsherren ihr Unwesen trieben. Deren Macht wollte Sun Yat-sen eindämmen, und da kam ihm Moskau gelegen. Die noch schwache Sowjetunion machte sich um diese Zeit nämlich Gedanken über die japanischen Absichten in der Mandschurei.

Japanische Militärs schrieben ganz offen in Tokioer Zeitungen, man könne jetzt, da das Militär der Sowjets noch in den Kinderschuhen stecke, von Süden her, aus den chinesischen Gebieten, in denen man mit Truppen stand, in den südöstlichen Teil der Sowjetunion eindringen und große Territorien in Sibirien für Japan erobern – ein uralter Traum.

So hatte der sowjetische Diplomat Adolf A. Joffé, als er 1923 im Hauptquartier Sun Yat-sens in Kanton erschien, weniger die uneigennützige Hilfe für das zerrüttete China im Sinn, als vielmehr die handfeste Absicht, die starke Kuomintang für die enge Zusammenarbeit mit Moskau im Interesse von dessen Sicherheit an den fernöstlichen Grenzen zu engagieren. Ein im Rücken von einer starken nationalistischen Armee bedrohtes japanisches Truppenkontingent in der Mandschurei würde es nicht wagen, durch einen Angriff gen Norden sozusagen seine Südflanke zu öffnen.

Logisch gedacht. Nicht brüderlich oder internationalistisch, wie in unzähligen Auslegungen dieser Politik damals und später immer wieder dargestellt, sondern im wohlverstandenen Eigeninteresse des Sowjetstaates.

So kam es denn auch auf ausdrückliche Empfehlung des überdies noch von Moskau nach Kanton zu Sun Yat-sen als »diplomatischer Berater« entsandten Michail Borodin zur Delegierung eines jungen Kuomintangoffiziers namens Tschiang Kai-shek zwecks »Studium« an die Militärakademie nach Moskau. Die wenigsten von Borodins chinesischen Kontaktpersonen wußten, daß dieser bereits zuvor bei einer ähnlichen Mission, nämlich der Einfädelung einer Linksrevolte in Mexiko, gescheitert war. (Im übrigen gab er sehr viel später zu Protokoll, daß er sich damals in Kanton, bei seinem Versuch, die Kuomintang zu einer kommunistischen Partei umzuformen, arg geirrt hätte. Vor allem habe er die spezifischen Verhältnisse und die historische Tradition Chinas zu wenig gekannt, um eine solche Mission zum Erfolg führen zu können.) Unterstützt wurde er von einem weiteren Moskauer, dem General Wassili K. Blücher, der für den militärischen Teil der Beratertätigkeit zuständig war. Beide brachten außer Ideologie auch Geld und Waffen mit, zum Aufbau einer möglichst schlagkräftigen Armee der Kuomintang, die sie wie eine Regierung behandelten, obwohl sich deren Einfluß im wesentlichen auf den Süden Chinas beschränkte.

Allerdings, und das sollte sich in der Geschichte noch als

Tschiang Kai-shek
(31. 10. 1887 – 6. 4. 1975).
Als enger Mitarbeiter des großen bürgerlichen Revolutionärs Sun Yat-sen, der die Kuomintang-Partei gründete und erster Präsident der chinesischen Republik wurde, übernahm er nach dessen Tod die Leitung der Kuomintang. Er bekämpfte die »Linken« in der Partei und als späterer (ab 1933) Ministerpräsident der Kuomintang-Regierung führte er einen unbarmherzigen Krieg gegen die inzwischen angewachsene und bewaffnete kommunistische Bewegung. Bis zu seinem Tode blieb er der konsequenteste Gegenspieler Mao Tse-tungs.

eine sehr problematische Beurteilung erweisen, hielten sie Chinas Kommunisten für noch viel zu unreif und unterentwickelt, für unfähig, in das politische Geschehen im Lande einzugreifen. Kraft ihrer selbsterklärten Weisungsgewalt über alle kommunistischen Organisationen in der Welt ordnete die Komintern an, daß Chinas Kommunisten in die Kuomintang einzutreten und darin politisch zu arbeiten hätten, im Sinne einer Linksentwicklung in China.

Der »rechte« Parteiflügel der Kuomintang prangerte das als Unterwanderung an und rief zur Verfolgung aller Kommunisten auf, während diese in einen internen Meinungsstreit über Befolgung oder Nichtbefolgung der Moskauer Weisung gerieten. Kleinere und größere Gruppen spalteten sich in der Folge ab und begründeten in dafür geeigneten Gebieten »rote Stützpunkte«. Und sie bewaffneten sich, zur Verteidigung gegen die »rechten« Politiker und Militärs der Kuomintang, aber auch um eigene Ziele militärisch erreichen zu können.

Sun Yat-sen, der in seiner letzten Lebensperiode immer stärker in der eigenen politischen Bewegung um die Schlichtung von Konflikten bemüht war, starb 1925 in Peking, wohin er gereist war, um mit den nördlichen Machthabern über eine Art nationaler Zusammenarbeit von Süd und Nord zu verhandeln. Ein Jahr zuvor war Tschiang Kai-shek aus Moskau zurückgekommen, ohne zum Kommunismus bekehrt worden zu sein – im Gegenteil, er hielt diese Gesellschaftsordnung für unbrauchbar.

Ohne viel Zeit zu verlieren, ließ er sich als Leiter der Militärakademie Whampoa bei Kanton einsetzen, in der die Offiziere der neuen Nationalarmee ausgebildet wurden. So bekam er die bewaffnete Macht, die im Süden Chinas unter der Kuomintang entstand, in seine Hände. Die Duldung des eher linksorientierten Tschou En-lai als »politischen Ausbilder« bis zu dem Zeitpunkt, da der Streit der beiden Richtungen endgültig nur noch militärisch geführt wurde, war dafür verantwortlich, daß später eine nicht geringe Anzahl in Whampoa ausgebildeter Kommandeure samt ihren Truppen zu den kommunistischen Gruppierungen überlief.

Tschiang Kai-shek zögerte nicht, nach dem Tode seines

großen Förderers Sun Yat-sen auch die politische Macht in der Partei zu usurpieren. Was viele Menschen in China, aber auch im Ausland noch immer als »Revolution« bezeichneten, nahm eine Wende, denn Tschiang Kai-shek beließ es nicht bei verbaler Ablehnung kommunistischer Aktivitäten, er mobilisierte alle Kräfte gegen die KP. Die Berater aus Moskau schickte er heim. Dadurch und durch entsprechende Verlautbarungen als verläßlicher Partner legitimiert, nahm er Verbindung zu Kreisen der internationalen Hochfinanz auf, die ihm fortan ihre finanzielle und militärische Unterstützung angedeihen ließen.

In China sprachen in der Folgezeit die einen vom Verrat Tschiang Kai-sheks an das internationale Kapital. Die anderen sprachen vom Verrat der Kommunisten, die angeblich China an die Sowjets ausliefern wollten. So standen sich bald immer öfter bewaffnete Kräfte gegenüber, die sich gegenseitig zu vernichten suchten.

»Die Geister schieden sich«, erzählte mir Lu eines Abends. Ich suchte ihn ziemlich regelmäßig auf, nicht nur, um ihn mit Lebensmitteln zu versorgen, sondern weil mich das, was ich von ihm erfuhr, auf sonderbare Weise faszinierte. Er war, das wußte ich inzwischen, in der Politik tätig. Zuerst in der Kuomintang, bis er, wie viele andere auch, bemerkte, daß sich in dieser Partei nicht mehr die Neuerer befanden, sondern im wesentlichen Bewahrer.

»Erneuerung ist in der Kuomintang nur noch Fassade«, erklärte Lu. »Das äußere Bild täuscht. Im Inneren gibt es viele Zerwürfnisse. Man spricht sogar davon, daß sich ganze Truppenteile unter der Führung ihrer Kommandeure selbständig machen. Aber das zählt vielleicht erst später einmal. Vorerst bestimmen noch die konservativsten Leute. Das zeigte sich sehr deutlich 1926 und ging dann im folgenden Jahr ziemlich tragisch weiter. Ich war um diese Zeit hier in Shanghai.«

»Was haben Sie gemacht? Ich meine, außer sich politisch zu betätigen?«

Lu zögerte eine Weile. Doch dann erzählte er: »Ich habe am Tage eine Lastenriksha gezogen, zwischen dem Hafen und den Lagerhallen im Norden, und nachts habe ich versucht, die Arbeiter, die es inzwischen in Shanghai in den großen ausländischen Fabriken und im Hafen gab, in Gewerkschaften zu organisieren.«

»Haben Sie die Massaker in der Stadt erlebt, von denen im Ausland gesprochen wurde?« In Surabaja hatte ich in der Zeitung gelesen, daß es eine »Eroberung Shanghais« durch Tschiang Kai-sheks Truppen gegeben habe, und danach ein blutiges Gemetzel an »Linken«.

Lu nickte. »Ich kam mit dem Leben davon. Diese Massaker waren eigentlich der Beginn eines Krieges der Kuomintang gegen die ›Linken‹.«

Wir hatten uns von der Insel bis in ein billiges Speisehaus im Hafen gewagt, wo meist Seeleute verkehrten und die Polizei sich lieber zurückhielt, denn besonders die ausländischen Matrosen waren nicht gerade feinfühlig im Umgang mit Uniformierten, die sie beim langersehnten Landgang stören wollten.

Also konnten wir in Ruhe essen. Ich stellte erleichtert fest, daß Lu nicht nur körperlich leistungsfähiger wurde, er wirkte auch munterer und weniger ängstlich als bei unserer ersten Begegnung. Er sprach über Dinge, die sich um die Mitte der zwanziger Jahre ereignet hatten. Als junger Mann war er damals einer von vielen, die sich »im Dienste der Revolution« befanden, die Tschiang Kai-shek verkündet hatte. Auf der »linken« Seite.

An manches, was er erwähnte, erinnerte ich mich. So hatte ich beispielsweise unterwegs auch gehört, daß Tschiang Kai-shek zu einem Feldzug nach dem Norden aufgebrochen war. Damals konnte ich mir nichts darunter vorstellen. Aber was

Lu jetzt erzählte, ließ mich die Zusammenhänge nach und nach erkennen.

Der Chef der Kuomintang hatte alle ernsthaften Konkurrenten in der eigenen Organisation kaltgestellt. Formal erfreute er sich noch der Unterstützung der Sowjetunion. Und die einheimischen »Linken«, die Kommunisten, von der Kommunistischen Internationale in Moskau dazu gedrängt, vermieden zunächst noch offene Auflehnung. Tschiang Kaishek durchschaute diesen Zusammenhang sehr wohl und wertete ihn für sich als günstig. Das ließ ihn einen Plan realisieren, den er schon eine Weile hegte, und der sich – war die Spaltung der Kuomintang in Nationalisten und »Linke« erst einmal auch organisatorisch vollzogen –, kaum noch würde durchführen lassen: die Bekämpfung der starken Kriegsherren des Nordens. Dabei waren die »Linken« willkommene Helfer!

Also ließ er 100 000 Soldaten von Kanton und aus umliegenden Garnisonen in Marsch setzen, Richtung Yangtsekiang. Das stieß sogar in Moskau auf Zustimmung, denn es ging ja um die Einheit Chinas, und ein geeintes China würde, so rechnete man, den Drang der in der Mandschurei liegenden Japanischen Truppen in Richtung Sibirien in Grenzen halten.

Bereits im September, vor allem weil die Bevölkerung das Vorhaben unterstützte, waren die zentralen Provinzen Kiangsi, Hunan und Hupeh erobert, der Yangtsekiang war erreicht. Doch viele kommunistische Anhänger des nationalen Einheitsgedankens erlebten eine böse Überraschung. Sobald Tschiang Kai-sheks Truppen ihre Macht gefestigt hatten, ließen sie die »Linken«, egal ob Intellektuelle, Bürger oder Bauern wie Vieh zusammentreiben und töten.

Am Yantsekiang wurde Tschiang klar, daß ihm mit dem »kommunistisch infizierten Shanghai« im Rücken eine laten-

Tschou En-lai (1898 – 1976).
Als revolutionärer Student bereits Mitglied der KP-Chinas, arbeitete er im politischen Departement der Kuomintang-Militärakademie Whampoa, die zu dieser Zeit von Tschiang Kai-shek geleitet wurde. Als die »Vereinte Front« von »Linken« und »Rechten« in der Kuomintang zerbrach, in den späten 20er Jahren, arbeitete Tschou En-lai im Militärapparat der KP Chinas und machte den Langen Marsch mit. Nach anfänglichen Meinungsverschiedenheiten mit Mao Tse-tung wurde er zu dessen verläßlichstem Parteigänger.

te Gefahr drohte. Er hütete sich deshalb, vorerst weiter nach Norden, in Richtung Peking vorzudringen, und ließ statt dessen seine Truppen auf Shanghai einschwenken.

»Hier«, erzählte Lu, »war inzwischen Tschou En-lai eingetroffen, der in Europa gebildete »Linke«, der hohe Funktionen in der Kuomintang bekleidet hatte und der nun den bewaffneten Widerstand in der Millionenstadt zu organisieren begann. Wer sich nicht wie die Leute weiter nördlich einfach abschlachten lassen wollte, trat den ›Roten Garden‹ bei, einer Selbstverteidigungsgruppe der ›Linken‹. Bewaffnet waren die Leute mit einigen wenigen Pistolen, vorwiegend aber mit Äxten, Messern, Zaunlatten, Eisenstäben. Einige Gruppen brachen in Polizeistationen ein oder in die Waffenkammer einer Kaserne und besorgten sich Gewehre. Ich selbst hatte eine deutsche Pistole aus dem Ersten Weltkrieg.«

Lu wurde traurig, als er sich an die Zeit erinnerte. Denn damals begann eine Tragödie. Drei Wochen lang brauchten Tschiangs Truppen, um den erbitterten Widerstand der Shanghaier »Linken« niederzuringen. Während dieser Zeit verbarrikadierten die Ausländer ihre »Konzessionen« mit Stacheldraht und Sandsackwällen. Angst wurde geschürt. Die Kommunisten lauerten angeblich nur darauf, Frauen und Kinder der Fremden zu meucheln. Dabei war den Verteidigern von ihren Anführern ausdrücklich verboten worden, auch nur einen Fuß in eine ausländische »Konzession« zu setzen. Aber die internationale Hysterie trug ganz allgemein dazu bei, die Position Tschiangs zu festigen, Hilfe in barer Münze für ihn zu mobilisieren und die Verteidiger zu verteufeln.

»Wir hielten aus bis Mitte April. Dann war Schluß. Was folgte, waren Massenhinrichtungen. Mehrere tausend Verteidiger. Erschossen, draußen vor der Stadt. Wurden auf Lastwagen zusammengekettet zur Hinrichtung gefahren. Ganz Dschabee, ein Viertel, wo die ärmeren Leute wohnten, wurde zusammengeschossen. Da steht kein Haus mehr, heute noch nicht!«

»Sie selbst kamen davon?«

»Nicht nur ich. Tschen Tu-hsiu, Vorsitzender der KP, der bis zuletzt glaubte, Tschiang würde keine politischen Morde begehen, wurde ebenso gesucht wie Tschou En-lai. Aber wir

26

hatten Freunde in den Außenbezirken, und die schleusten uns durch die Linien von Tschiangs Soldaten.«

Der Mann, den ich unter so eigenartigen Umständen kennengelernt hatte, wurde mir sympathisch. Ich bewunderte die Konsequenz, mit der er trotz so vieler Niederlagen weitermachte. Und daß China eine wirkliche Revolution brauchte, das wußte auch ich. Seeleute sind in den seltensten Fällen konservativ, und ich hatte schon manche Ansichten meiner Eltern nicht verstanden, die nur an sich selbst dachten und an sonst nichts in dieser Welt. So hörte ich Lu mit wachsendem Interesse zu, aber nicht nur das – ich begann mir allmählich Gedanken darüber zu machen, was ich mit meinen Leben anfangen wollte.

In Wuhan am Yangtse spielten sich ähnliche Szenen ab wie in Shanghai. Tschiang ließ überall in dem von ihm beherrschten Gebiet die »linke« Bewegung auf eine Art bekämpfen, die selbst Reporter aus fernen Ländern, die gewiß nicht mit den Ideen der Opfer sympathisierten, als Massenmord bezeichneten. Bilder und Berichte von den Grausamkeiten gingen um die Welt. Ich erinnerte mich an eine Zeitung, die ich in einem Hafen in Niederländisch-Indien gesehen hatte. Köpfe von »roten Bauernrebellen«, auf Pfähle gespießt.

»Ja, die Bauern«, sagte Lu nachdenklich, »sie brachten die meisten Opfer. Und hier entschied sich übrigens die Politik, die ein Teil der Überlebenden der kommunistischen Bewegung nach diesen Erfahrungen für richtig hielt. Bis zu diesen Massakern gab es einen Mann in der Spitze der Partei, nämlich Mao Tse-tung, der immer wieder darauf bestanden hatte, in dem Bauernland China müßten die Bauern als stärkste Kraft den Kern der Revolutionsbewegung bilden. Die Moskauer hatten das abgelehnt, es entsprach nicht ihrer Theorie. Mao Tse-tung hatte eine Zeitlang als »Linker« in der Kantoner Kuomintangzentrale Bauernpolitik gemacht. Bei seinen

Reisen durch die Südprovinzen hatte er systematisch Erkenntnisse über die katastrophale Lage und die Stimmung der Bauern zusammengetragen. Doch er wurde zur Seite gedrängt. Besonders von den Sowjetberatern, die bestanden auf ihrer Litanei, wonach die Revolution, die zum Weltkommunismus führen sollte, nur von Arbeitern gemacht werden könne, Bauern seien Kleineigentümer und daher nicht zuverlässig. Wissen Sie, es war wohl überhaupt unsere Tragödie, daß wir sozusagen zum politischen Experimentierfeld der selbst unter den Moskauer Führern jener Zeit noch umstrittenen, sehr unterschiedlichen Revolutionstheorien wurden. Das hat viele chinesische Menschenleben gekostet. Und es hat, fürchte ich, das Vertrauen in die russische Revolution nicht unbedingt gestärkt.«

Ich hatte von diesem Mao Tse-tung schon gehört. Die einen sahen einen Teufel in ihm, andere einen Messias. Jedenfalls war es ihm gelungen, die Massaker der zweiten Hälfte der zwanziger Jahre zu überleben. Den Massakern folgten wiederum Aufstände, und zwar meist von Bauern, die gegen die Verelendung rebellierten. Sie wurden von der fern in Moskau sitzenden Komintern ausdrücklich gewünscht, obwohl sie viele Menschenleben forderten. Man hegte in Moskau die Illusion, auf diese Weise das Land so in Aufruhr zu bringen, daß Tschiang einlenkte und zur sogenannten Einheitsfrontpolitik mit den »Linken« zurückfand. Mao Tse-tung billigte eigentlich diese Aufstände nicht. Sie liefen sich tot.

Die »Linken« besaßen keine eigenen Streitkräfte, und überhaupt war man durch Tschiangs Massaker so geschwächt, daß es erst einmal einer Sammlung und Regeneration bedurft hätte. Aber auch Mao Tse-tung folgte vorerst doch noch der Parteiräson, bis sich nach längerer Zeit zeigte, daß der Kurs der »Linken« völlig verfahren war und den Bedingungen im Lande nicht entsprach.

Da begann Mao Tse-tung Überlebende zu sammeln. Er verband sich mit Truppenteilen der Kuomintang, deren Kommandeure »Linke« waren, und zog sich in schwer zugängliche Gegenden zurück, um wieder zu Kräften zu kommen. Zunächst in Hunan, das er ausgezeichnet kannte. Aber von dort zog er sich schließlich ostwärts, nach Kiangsi zurück, in das schwer zu kontrollierende, dicht bewaldete Berggebiet des Djinggangshan, des »Brunnenberges«.

»Die Rote Festung, die Tschiang eingeschlossen hat und vernichten will«, erinnerte ich mich an Meldungen, die ich gehört hatte.

Lu lächelte. »Mehrmals schon vergeblich. Aber anfangs war gar nicht sicher, was aus diesen Reservaten werden würde. Die Komintern in Moskau verlangte von ihnen, sogleich zur Eroberung von Wuhan und Tschangscha aufzubrechen. Tschu Teh, vielleicht der militärisch erfahrenste Kommandeur, der sich mit seiner Division auf die Seite von Mao Tse-tung gestellt hatte, riet entschieden davon ab. Man sei noch nicht stark genug für solche Abenteuer. Und Mao Tse-tung erklärte, man müsse umgekehrt vorgehen. Das weite Land nach und nach zu beherrschen trachten, und die Städte gewissermaßen einschließen. Sie würden dann wie reife Äpfel vom Baum fallen. Trotzdem befahl die Parteispitze den Angriff. Die chinesische kommunistische Bewegung, besonders deren Führung, schwankt immer noch zwischen dem Gehorsam gegenüber den Weisungen aus der Zentrale der Weltrevolution und der nüchternen Beurteilung der Chancen im eigenen Land. Es waren Mao und Tschu Teh, die endlich aus diesem Dilemma ausbrachen, indem sie sich im Djinggangshan zusammentaten und über eine neue Politik nachdachten. Zu Maos buntem Haufen stießen noch knapp tausend Soldaten mit ihrem Chef, dem ehemaligen Garnisonskommandeur von Nantschang. Auf dessen Kopf setzte Tschiang Kai-shek ganze 250 000 amerikanische Dollar aus. Damit gibt es seit dem April 1927 dort in den ›Brunnenbergen‹ die einzige noch organisierte Kraft der chinesischen Revolution. Zum heimlichen Ärger der Komintern, die versucht, wieder in die Rolle des Befehlenden zu kommen. Aber ...«

Lu machte eine lange Pause. Als ich ihn fragte, warum er nicht weiterspreche, wich er aus und fragte mich nach dem Datum. Als ich es sagte, meinte er erleichtert: »Gut! Dann ist meine Flucht nicht nur gelungen, ich bin auch zur vereinbarten Zeit bereit für meine Aufgabe.«

»Sie haben eine Aufgabe?«

Ich brachte ihn in Verlegenheit, und es fiel ihm schwer, zu antworten. Aber schließlich überwand er sich doch, nachdem ich ihm versichert hatte, ich würde alles gleich wieder vergessen, falls er es wünschte. Außerdem erzählte ich ihm, daß ich inzwischen auf einem englischen Trampdampfer angeheuert hätte, der in ein paar Tagen nach Kanton auslaufe. Unsere Wege würden sich also ohnehin trennen.

»Legt dieser Trampdampfer in Swatou an?« wollte er wissen.

Ich überlegte. Swatou lag weit über tausend Kilometer südlich, an der Küste, auf Kanton zu. Sicher würden wir dort anlegen. Swatou war ein Handelspunkt im Süden, für den es immer Fracht gab.

Als Lu das hörte, zögerte er wieder, aber dann fragte er: »Ob der Skipper jemanden mitnimmt?«

»Sie?«

Er nickte. Ich konnte ihm seine Frage nicht mit Sicherheit beantworten, aber ich fuhr noch am selben Abend zum Hafen und sprach mit dem Kapitän. »Wenn er keine Kabine haben will und an Deck schläft, oder unter Deck, irgendwo eben, wie ein Chinese auf Reisen – selbstverständlich!«

»Er ist Chinese«, informierte ich den Kapitän.

Er nannte mir den Preis. Angemessen. Englische Kapitäne, so whiskyselig sie manchmal waren, ließen mit sich reden, wenn es um Kleinigkeiten ging. Zwei Tage später tuckerte die »Virginia« mit uns südwärts.

Ich hatte die Steueranlage zu warten, eine ziemlich unmoderne technische Einrichtung, die viel Schmierfett und Öl brauchte, und deshalb kam ich erst nach Tagen, als wir in Futschou anlegten, wieder dazu, mit Lu in Ruhe zu reden.

Er sah gesünder und kraftvoller aus als zuvor. Die Seeluft hatte ihn, wie er selbst sagte, frisch gemacht. Jedenfalls steckte er voller Unternehmungsgeist. Während wir eine Players rauchten, in Shanghai gefertigt und dort auch gekauft, bedankte er sich noch einmal dafür, daß ich ihn sozusagen gerettet hatte, vor dem Verhungern und auch vor dem Zugriff der Polizei.

»Seeleute haben nun einmal das Bedürfnis, anderen zu helfen«, erklärte ich ihm. Lächelnd schaute er mich an. Er merkte wohl, daß es mir schwerfallen würde, mich von ihm zu trennen.

»Es gibt viele Revolutionäre unter Seeleuten«, sagte er. »Und weil Sie dieses ausgeprägte Gefühl für Gerechtigkeit haben, wollte ich Ihnen eigentlich vorschlagen, mit mir zu kommen. Allerdings ...«

»Wohin?«

»Wollen Sie? Zu den Leuten, die in den Bergen von Kiangsi leben. Da gehe ich hin. Eines Tages wollen wir die verjagen, die heute noch in China Menschenköpfe auf Pfähle spießen und die ihre Konten auf japanischen Banken haben oder auf amerikanischen, englischen.«

Ich kannte diese Denkweise. Nur hielt sich bisher meine Hoffnung, daß das Häuflein Gerechtigkeitsfanatiker, das da seinen Krieg gegen die Mächtigen führte, erfolgreich sein könnte, in Grenzen. Allerdings – neugierig war ich schon auf diese Leute. Lu war für mich wie die Offenbarung einer unbekannten Spezies Mensch.

Er nahm mir die Entscheidung erst einmal ab. »Bis Swatou haben Sie Zeit, zu überlegen. Dort werde ich von Bord gehen. Wir werden entweder zusammen bleiben oder uns für immer verabschieden.«

Ich überlegte nicht so lange. Tage bevor wir in Swatou anlegten, gesellte ich mich zu Lu, der im Heck an der Reling stand und in das von der Schraube aufgewühlte Wasser blickte.

Ich würde mitgehen, in die Berge.

DJINGGANGSHAN

Der Mann, der eigentlich Otto Braun hieß, aber wie ein Chinese zurechtgemacht war, die Augen durch einen schwarzen Lidstrich verkleinert, die Haut mit Nußschalenextrakt gebräunt, saß scheinbar schlafend unter einem Baum am Rande der Strandpromenade, wo das lärmende Treiben des Marktes begann.

Ein für den Süden typischer, konisch geformter Hut aus Schilfgeflecht ließ von seinem Gesicht kaum etwas erkennen. Ein dösender Bettler eben, zerlumpt gekleidet, seine großen Füße steckten in abgetragenen Schuhen.

Doch statt der obligatorischen Bettelschale lag eine grüne Kokosnuß neben ihm. Und mit dieser Kokosnuß hatte es seine Bewandtnis. Deshalb schlief der etwa dreißigjährige Mann auch nicht, sondern beobachtete unter dem Schilfhut hervor sehr aufmerksam, wer sich ihm näherte.

Es war nicht Angst, die Otto Braun so vorsichtig sein ließ, aber er war als »linker« Revolutionär so lange im Geschäft, daß ihm ein gutes Maß Vorsicht sozusagen ins Blut gegangen war. Er hatte jahrelang konspirativ gelebt und viele verschiedene Namen getragen. Auch jetzt würde er wieder einen neuen bekommen.

Den Mann, der von der Anlegestelle auf ihn zukam, hatte er schon eine Weile im Blick. Und als Lu, denn der war dieser Mann, vor ihm stehen blieb und fragte: »Sehr schöne

Li Teh

war der Tarnname des Deutschen Otto Braun, der als deutscher Kommunist 1919 bereits an der Ausrufung der sogenannten Bayerischen Räterepublik beteiligt gewesen war. 1928 ging er ins sowjetische Exil. Dort wurde er Funktionär im Militärapparat der Kommunistischen Internationale. Als deren Beauftragter traf er 1933 im Guerillastützpunkt Djinggangshan ein, mit dem Auftrag der Kommunistischen Internationale in Moskau, die chinesischen Kommunisten zur Zusammenarbeit mit Tschiang Kai-shek zu bewegen, was damals im strategischen Interesse der Sowjetunion lag. Als einziger Nichtchinese machte Li Teh (Braun) den Langen Marsch mit. Seine von Moskau gestellte Aufgabe konnte er nicht erfüllen.

Nuß. Wo haben Sie sie gekauft?« gab er auf Englisch zurück: »Am Ende des Marktes, da drüben.« Genau so hatte man es ihm in Shanghai aufgetragen. »Dort sind sie frisch. Und billig dazu.«

»Ich werde eine kaufen«, erklärte Lu und setzte sich ohne weitere Umstände neben ihn. »Ich bin Lu. Sie heißen ab sofort Li Teh. Können Sie sich das merken? Li Teh!«

Der Deutsche Otto Braun wiederholte in seinem holprigen, rollenden Englisch: »Li Teh. Ich verstehe.«

Er nahm die Zigarette, die Lu ihm nach Landessitte einzeln hinhielt, wie es unter guten Freunden üblich war. Beide beobachteten sie die Umgebung. Gab es da Augen, die es nicht geben sollte? Einen dieser Spione, die Rebellen ausfindig machten, um die Kopfprämie zu kassieren?

»Wir haben viel Zeit«, brummte Lu, als der neben ihm Sitzende unruhig wurde. »Die Sonne steht noch hoch. Außerdem kommt noch ein zweiter Mann ...«

Obwohl der Deutsche einige Monate in Shanghai gelebt hatte, beschränkte sich sein Chinesisch auf einige meist auch noch in der verkehrten Tonfärbung ausgesprochene Worte des alltäglichen Vokabulars, die ihm hier ohnehin nichts nutzten, weil sie Mandarin waren. Hier sprach man Kantonesisch und nicht Mandarin. An seine Heimat Deutschland dachte der Mann selten. Er war das, was man einen Berufsrevolutionär nennen konnte. Mit neunzehn Jahren, im Jahr ihrer Gründung, trat er der Kommunistischen Partei Deutschlands bei und beteiligte sich an den »linken« Revolten im krisengeschüttelten Nachkriegsdeutschland. Er schlug sich mit der Polizei herum, die die sogenannte Bayerische Räterepublik liquidierte, kämpfte später gegen die Truppen der Reichswehr in den revolutionären Auseinandersetzungen in Mitteldeutschland und brachte sich, nachdem die Reichswehr die Rebellionen endgültig niedergeschlagen hatte, nach Moskau in Sicherheit. Dort verlieh man ihm, dessen Steckbrief in Deutschland in den Polizeirevieren hing, die Staatsbürgerschaft der Sowjetunion und bildete ihn als Militärspezialisten aus. Seit dem Herbst 1932 hatte er in Shanghai im Auftrag der Kommunistischen Internationale mit einem Mann aus Czernowitz, der Hauptstadt der zur ehemaligen österreichisch-ungarischen Monarchie gehörenden Ostprovinz

Bukowina, zusammengearbeitet. Der Partner hieß Stern, aber nur Eingeweihte in Moskau wußten wohl, ob er wirklich so hieß. Ein Informationsnetz für ganz China wurde aufgebaut, zur Realisierung der weltweiten Pläne der Bewegung war das wichtig.

Nun hatte ihn der Befehl aus Moskau erreicht, sich über Swatou in die Provinz Kiangsi zu begeben, wo ein gewisser Mao Tse-tung zusammen mit einem General namens Tschu Teh die Hauptkräfte der militanten »linken« Rebellen konzentriert hatte und wo sich auch der größte Teil der gegenwärtigen chinesischen Parteiführung befand. Braun sollte »Mao Tse-tung beraten und die Aktionen der bewaffneten chinesischen Kommunisten mit den Zielen der Komintern koordinieren«.

Er war mit falschem Paß von Sibirien auf der mandschurischen Eisenbahn eingereist. Erst als er das »internationale« Shanghai kennenlernte, jene Mischung aus zerschossenen Arbeitersiedlungen, polospielenden Ausländern, am Straßenrand krepierenden Bettlern und zwölfjährigen Mädchen, die ihre Körper für eine Schale Reis verkauften, wurde ihm klar, wie wenig er von dem Land wußte, in dem er Leute »beraten« sollte. Aber er begriff auch, daß die Funktionäre in Moskau, die sich für die weisen Planer der Weltrevolution hielten, von diesem riesigen Land China wohl kaum mehr kannten als die Landkarte.

Sogar der bereits vor ihm in Shanghai angekommene Manfred Stern, der sich in der französischen Konzession eingemietet hatte, wo er sich vor den Spürnasen Tschiang Kaisheks sicher glaubte, litt, wie Braun insgeheim konstatierte, an Vorstellungen von der Weiterführung der chinesischen Revolution, die wohl so einfach nicht zu realisieren sein würden.

Aus der Sowjetunion waren in letzter Zeit mehrere dort geschulte Funktionäre nach China zurückgekehrt, die zusammen mit Absolventen von Hochschulen und Universitäten in anderen europäischen Ländern die Parteiführung beherrschten. Sie befanden sich unter dem Schutz der von Mao Tse-tung und Tschu Teh befehligten bewaffneten Kräfte in deren »zentralem Rätegebiet« Djinggangshan. Zwischen den Heimkehrern, die nicht nur Ideen, sondern auch handfeste Aufträge mitbrachten, und den Praktikern der Rebellion wie Mao und Tschu kam es bald zu Spannungen. Besonders betraf das die aus Moskau heimgekehrten Funktionäre. Sie fühlten sich ihren Genossen überlegen und glaubten, hinter ihnen stehe mit der Komintern die halbe Welt.

Dabei fügten sich Mao und Tschu ihren Ratschlägen durchaus, wenn sie diese vernünftig fanden. Aber sie widersprachen, sobald ein Ratschlag, der meist eine Weisung aus Moskau war, den Gegebenheiten im Lande nicht entsprach.

Die in Moskau konzipierte Marschroute sah für die »Linken« vor, gemeinsam mit der Kuomintang »den antiimperialistischen Kampf« zu führen. Der Fehler bestand darin, daß Tschiang Kai-sheks Kuomintang längst lieber mit diesen ausländischen »Imperialisten« zusammenarbeitete als mit den einheimischen »Linken«. Lediglich Japan, das sich im Norden immer stärker ausbreitete, bildete eine Ausnahme. Mit ihm verfuhr Tschiang vorsichtiger. Daß sich hier bereits völlig neue internationale Kräftekonstellationen abzeichneten, spürten wohl auch die nach China entsandten Komintern-Agenten, nur verbot es ihnen die Disziplin, unter der sie standen, das früher zu berücksichtigen, als es die Moskauer Vorgesetzten ihnen befahlen. Die Alternative war, von Stalins Geheimpolizei als »Abweichler« gejagt zu werden.

So entstand eine Konfliktsituation, derer sich Braun sehr wohl bewußt war. Die »Berater« hatten sich immer öfter gegen erfahrene chinesische Partner zu stellen, die offen aussprachen, was die Berater zwar insgeheim auch erkannten, jedoch im angeblichen Interesse der Weltrevolution nicht zugeben durften.

Mao Tse-tung hatte erst unlängst einem aus Moskau zurückgekehrten ZK-Führer erklärt: »Feind Nummer eins ist für uns Tschiang Kai-shek und seine Armee. Sie führt einen Angriff nach dem anderen gegen uns. Wen sie erwischt, den tötet sie. Deshalb muß Tschiangs Macht zuerst gebrochen werden. Von uns. Danach können wir die nationale Befreiung von den fremden Mächten in Angriff nehmen. Alles andere ist Unsinn, der unser Leben bedroht!«

Er hatte sich damit nicht nur bei den Mitgliedern des ZK in Djinggangshan noch unbeliebter gemacht, als er ohnehin schon war, sondern auch indirekt die Komintern beleidigt, indem er ihre unübertreffliche Weisheit anzweifelte. Das machte ihn zum Rebellen gegen das »Gesetz der Weltrevolution«, die Disziplin der Revolutionäre ließ keine Fragen zu. Weil er aber – getreu seiner Devise, daß Macht letztendlich aus den Mündungen von Gewehren kommt, nicht so leicht auszuschalten und überdies bei seinen Soldaten äußerst populär war, hatte man sich in Moskau dazu durchgerungen, ihn vorerst in Kauf zu nehmen, und dann bei passender Gelegenheit durch einen gehorsameren Führer zu ersetzen. Bis dahin sollten Männer wie Otto Braun ihn möglichst geschickt lenken und leiten.

Zu der Einsicht, daß es eines Bürgerkrieges bedürfen würde, um die Kräfte in China auszuschalten, die zu keiner gemeinsamen Politik mit den »Linken« bereit waren, konnte sich Moskau noch nicht durchringen. Nicht so sehr, weil man die Zusammenhänge nicht erkannte. Nein, vieles begriff man sehr wohl, aber da gab es Interessen des Sowjetstaates, die denen der chinesischen »Linken« sehr krass entgegenstanden und über die man sich gar nicht gern mit ihnen unterhielt.

So hatte Moskau die zeitweilig gestörten diplomatischen Beziehungen, die zur Kuomintang seit 1924 bestanden hatten, wieder aufgenommen. Beschleunigt wurde diese Entscheidung durch das Verhalten der Japaner im Norden Chinas. Sie hatten dort den ihnen hörigen Staat Mandschukuo gebildet. Daß gerade Tschiang Kai-shek, um den sich Moskau bemühte und der mit seinen Truppen Peking beherrschte, trotzdem einen Waffenstillstand mit Tokio abschloß, verdrängte man. Zum Umdenken war man noch nicht bereit. Dabei formierte sich bereits, nachdem Hitler Deutschland militarisierte, die neue Achse, die Tokio einbezog, wodurch sich die Gewichte in der Weltpolitik einschneidend veränderten. Vielleicht hatte das auch damit zu tun, daß die Komintern, während Tschiangs Truppen weiterhin »Linke« jagten, dem Plan einer »Einheitsfront« der Gejagten mit den Jägern anhing. Daß das eine Illusion war, wollte man offiziell einfach nicht wahrhaben.

Dem Mann in Swatou, den Lu ins Djinggangshan-Gebirge führen würde, ins Zentrum des »linken« Widerstandes, war nicht sehr wohl bei dem Gedanken, was ihn erwartete. Er sollte den Leuten dort die »Vereinigung« mit der Kuomintang zu einer nationalen Befreiungsbewegung dringlich anraten und zwar mit der ganzen, ihm von der Komintern verliehenen Autorität. Hinter seinem »Rat«, in Wirklichkeit ein Befehl des Moskauer Exekutivkomitees, der auf einem persönlichen Wunsch Stalins beruhte, verbarg sich allerdings weniger das Interesse am Fortgang der Revolution in China, für die die Leute im Djinggangshan standen, sondern eher die Absicht, das Kräftepotential der chinesischen »Linken« für die Komintern zu nutzen. Und die eiserne Devise dieser von Stalin geführten, obersten »Kommandostelle der Weltrevolution« lautete zur Zeit: Alles was irgendwo von revolutionären kommunistischen Kräften unternommen wird, hat in erster

Die führenden Mitglieder des Exekutivkomitees der Kommunistischen Internationale 1935 in Moskau. Hinten, v. links n. rechts: Otto Kuusinen, Klement Gottwald, Wilhelm Pieck, Dimitri Manuilski, vorn, v. links n. rechts: Georgi Dimitroff, Palmiro Togliatti, Wilhelm Florin, Wang Ming.

Linie der Stärkung der Sowjetunion, dem Hort der Weltrevolution, zu dienen und sich deren Weisungen unterzuordnen.

Nach und nach waren in den vergangenen Jahren junge chinesische Kommunisten in der Sowjetunion geschult worden und nun, durch subtile Methoden beeinflußt, als Befehlsausführer der Komintern nach China zurückgekehrt. Insgesamt 28 Männer, und sie befanden sich jetzt bis auf Wang Ming, einen besonderen Vertrauten der Sowjets, der zum Befehlsempfang in Moskau weilte, in den Bergen des Djinggangshan, dem stärksten, von Mao Tse-tung und Tschu Teh nach und nach ausgebauten Stützpunkt der chinesischen bewaffneten Revolution. Nun war Otto Braun auch dorthin unterwegs, weil Moskau unzufrieden mit dem Verlauf der Dinge in China war und die Zügel fester in die Hand nehmen wollte. Braun war der geeignete Mann dafür, man hatte den Absolventen der Frunse-Militärakademie mit Bedacht ausgewählt.

»Den nennen wir Hung«, erklärte Lu dem Fremden, als ich mich zu den beiden gesellte. »Er kommt mit uns.«

Ich machte mich mit Li Teh bekannt und entdeckte, daß es gar nicht so leicht war, sich mit ihm zu verständigen. Aber wir Chinesen, besonders die Bewohner der Küstenregionen und die Seeleute erst recht, fanden immer einen Weg zur Verständigung, und sei es nur mit Gebärden.

Dieser Fremde konnte herzlich lachen, wenn die Verständigung geklappt hatte. So erklärten wir ihm, daß er sich ruhig verhalten sollte, während wir gegen Abend den Weg zum Handjang zurücklegten, einem schiffbaren Fluß, der aus jener Gebirgsregion kam, in der das sogenannte »Sowjetgebiet« lag, wo seit dem Ende der zwanziger Jahre Tausende von Rebellen ihre Macht errichtet hatten. Manche nannten die Gegend auch »Tschu-Mao-Land«, weil dort der General Tschu Teh mit seinen gegen die Kuomintangpolitik rebellierenden Truppen zu den Kräften Mao Tse-tungs gestoßen war.

Der Handjang war eine der Verbindungslinien von der Rebellenrepublik nach draußen, und Lu fand mühelos das Boot, mit dessen Eigentümer vereinbart worden war, daß es uns etwa dreihundert Kilometer flußaufwärts bringen sollte. Den Rest des Weges bis Juidjin, der Hauptstadt des Gebietes, wollten wir zu Fuß zurücklegen.

Der kleine, wieselflinke Schiffer und sein Sohn beförderten Lampenöl, das sich in den Dörfern am Oberlauf des Flusses gewinnbringend absetzen ließ. Dort kannte man noch keine Elektrizität, und die Öllampe war die einzige Lichtquelle nach Sonnenuntergang.

Der Schiffer wies dem Fremden einen Verschlag hinter dem tuckernden Dieselmotor im Inneren des Bootes als Versteck zu, und als Li Teh damit nicht einverstanden war, erklärte er Lu knapp: »Wenn er nicht in den Verschlag kriecht, bleibt er an Land. Ich muß damit rechnen, daß die Soldaten mein Boot kontrollieren!«

Li Teh hatte sich zu fügen. Es paßte ihm nicht, aber da gab es keine andere Wahl, denn natürlich wußte die Kuomintang, daß Kuriere den Fluß benutzten und die Rebellen Frachten beförderten. Nach wie vor war es nicht gelungen, diese »roten Banditen«, wie sie offiziell genannt wurden, aus ihren Stützpunkten in Kiangsi zu vertreiben, besonders aus dem Djinggangshan. Ich hatte von diesem Zentrum des Widerstandes noch nie etwas gehört, aber Lu setzte mich, während wir langsam flußauf tuckerten, einigermaßen ins Bild.

Wir hockten an Deck unter einem Sonnensegel, rauchten, betrachteten den Sternenhimmel, plauderten ab und zu mit dem Schiffer, und ich erfuhr von Lu, daß das »Sowjetgebiet« in den dicht bewaldeten Bergen Kiangsis zuerst das Rückzugsgebiet für den Rebellenführer Mao Tse-tung und seine Mitstreiter gewesen war, nach verschiedenen fehlgeschlagenen Aktionen, zu denen ihn die Führung seiner kommunistischen Partei beordert hatte.

Es war eine unübersichtliche Situation gewesen, damals, gegen Ende der zwanziger Jahre. Die einheimischen Kriegsherren mit ihren Privatarmeen drangsalierten die Bevölkerung ganzer Landstriche, vor allem die Bauern, die sie bis aufs Hemd ausplünderten. In den Städten wüteten die Truppen Tschiang Kai-sheks, um die Kommunisten zu vernichten. Sie zeigten sich nicht zimperlich. Wer ihnen nicht gefiel oder wer sie nicht fröhlich genug empfing, der war eben Kommunist und wurde erschossen.

Aus Moskau, dem »Hauptquartier aller Aufstände in der ganzen Welt« kamen für die noch ziemlich unerfahrene Revolutionspartei Chinas seltsame »Weisungen«. Sie sollte sozusagen als eine Unterabteilung der Kuomintang, aus deren linkem Flügel sie hervorgegangen war, deren nationalen Kampf unterstützen, vorrangig aber das städtische Proletariat für die Revolution gewinnen, um von den Städten aus nach und nach das ganze Land zu infiltrieren. Eine abenteuerliche Vorstellung, zumal kaum eine der Moskauer Vorstellungen der Wirklichkeit entsprach.

Für Chinesen klang das um so widersprüchlicher, als Tschiang Kai-shek, der Führer der Kuomintang, inzwischen nicht nur den bewaffneten Kampf gegen die »Linken« eröffnet hatte, sondern auch gerade in den großen Städten, in denen sich etwas von dem fand, was man zur Not mit der in Moskau geläufigen Bezeichnung »Arbeiterklasse« fassen konnte, mit ungeheuren Massakern jeden Gedanken an eine »rote Rebellion« buchstäblich zusammenschoß.

Schuld an der Misere, unter der zuallererst die KP Chinas zu leiden hatte, war die totale Unkenntnis, die in Moskau über die tatsächliche Situation in China herrschte. Dort vermischten sich inzwischen unter der Führung Stalins Parteiinteressen so stark mit außen- und innenpolitischen Interessen und Sicherheitserfordernissen des Sowjetstaates, daß Kenner die Verfahrensweise so charakterisierten: Moskau kommandiert über die Komintern alle sogenannten Bruderparteien. Sie haben eiserne Disziplin zu üben und jede ihrer Aktionen unbedingt den Interessen des einzigen Sowjetstaates auf der Welt unterzuordnen. Für dessen Sicherheit, für sein Aufblühen und sein internationales Ansehen ist jede Partei verpflichtet, eigene Interessen zurückzustellen. Alleingänge in eigener Sache gibt es nicht! Dieses Vorgehen wurde als Internationalismus bezeichnet, war allerdings mehr ein internationales Kommandosystem, das bereits in verschiedenen

Parteien Unwillen hervorrief, nicht selten sogar Spaltungen verursachte.

Dabei waren sich die Führenden der Komintern und des Sowjetstaates durchaus selbst nicht einig über so weitreichende Programme. Innerhalb der Führungsschicht in Moskau gab es schon seit Jahren die sogenannten Säuberungen. Leute, deren Wort gestern noch galt, und zwar absolut, wurden über Nacht vom Geheimpolizei abgeholt und als »Verräter« entlarvt. Da sehr selten wirklich ein Verrat nachgewiesen werden konnte, ließ sich unschwer auf einen Machtkampf schließen. Und dieser wurde in einem gewissen Ausmaße auch auf dem Rücken fremder Parteien ausgetragen.

Im Falle Chinas spielte dabei die japanische Aggression, die man in Moskau für das an die Mandschurei grenzende Fernost-Gebiet befürchtete, eine große Rolle. Die Bedrohung, die da wuchs, beschäftigte die Moskauer Führer weit mehr als die politischen Kämpfe in China selbst. Sie sahen in Tschiang Kai-sheks Kuomintang die einzige reale Kraft, die im Rücken der gefährlichen Japaner dafür sorgen konnte, daß diese nicht zum Angriff auf Sibirien kamen. War man mit der Kuomintang verbündet, würde Japan keinen Angriff wagen. Es mußte fürchten, daß die Kräfte Tschiangs ihm in den Rücken fielen. Hinter dieser Milchmädchenrechnung verschwanden selbst alle Bedenken gegen den wütenden Antikommunismus Tschiangs im eigenen Machtbereich – er galt grundsätzlich als Nationalist und als solcher war er der Partner für die Sowjetunion gegen Japans Gelüste auf Sowjet-Fernost.

In diesem Sinne wurde immer wieder die noch junge KP Chinas reglementiert; jeder chinesische Kommunist sollte unbedingt eine Art Einheitsfrontpolitik mit Tschiang Kai-shek praktizieren, zum Schutz der Sowjetunion, was immer die tatsächlichen sozialen und politischen Interessen der Unterprivilegierten in China selbst auch sein mochten.

44

Otto Braun hockte schwitzend in seinem Verschlag. Auch er machte sich Gedanken. Er war in Moskau instruiert worden, daß es hochgradig darum ging, diesen bei seinen Leuten angesehenen Rebellen in der Partei, den Bauernsohn Mao Tse-tung, der sich zielstrebig Bildung angeeignet hatte und der sich störrisch zeigte, was die Moskauer Weisungen betraf, zur Ordnung zu bringen. Am besten kaltstellen.

Ein Teil dieser unangenehmen Sache könnte sich bereits im Selbstlauf erledigt haben, rechnete Braun. Mao Tse-tung war nämlich innerhalb der Parteiführung mit seiner Theorie nicht durchgekommen, daß es in China – in Ermangelung nennenswerter Industrien – nicht die Lohnarbeiter sein konnten, die die Revolution trugen, sondern vielmehr die verarmte Bauernschaft, die es überall im Lande gab und die ohnehin zur Rebellion neigte. Mit dieser Auffassung hatte sich Mao Tse-tung in den Augen der 28 führenden Mitglieder des ZK, die die Moskauer Schule genossen hatten, zum Außenseiter gemacht. Und Außenseiter waren gefährlich. Man mußte sie rechtzeitig entmachten. So wie das in der Sowjetunion geschah, die zu besuchen sich Mao Tse-tung bislang strikt geweigert hatte.

Die »28 Bolschewiken«, wie man sie auch ehrfürchtig nannte, beherrschten gegenwärtig das Zentralkomitee der KP Chinas, das in Mao Tse-tungs Gebiet Schutz vor der Kuomintang gefunden hatte. Und jeder der Moskau-Schüler reagierte sofort allergisch, sobald Mao daran erinnerte, daß es dieses jetzt so nützliche Gebiet eigentlich nur gab, weil das von Moskau instruierte ZK ihn in militärische Unternehmungen geschickt hatte, die er zwar unsinnig fand, die er aber diszipliniert erledigte, worauf er sich hierher in Sicherheit bringen mußte. Zähneknirschend nahmen jene 28 zur Ausführung von Komintern-Weisungen gedrillten Leute zur Kenntnis, daß Mao, dieser »undisziplinierte Banditenhäuptling«, bei seinem militärischen Anhang ungebrochene Popularität genoß. Zwar hatten sie ihn Ende 1927 aus dem Zentralkomitee ausgeschlossen und ihm auch bedeutet, daß man seinen Einfluß weiter beschneiden werde, falls er nicht pariere, doch das beeindruckte Mao kaum, denn etwa um diese Zeit stieß gerade einer der besten Generäle der Kuomintang, der kluge und beliebte Tschu Teh, mit seinen Truppen zu ihm. Das bedeutete zehntausend Gewehre.

Wenig später fanden sich weitere Kommandeure der Kuomintang, die Tschiangs rabiaten Anti-Links-Terror für Verrat am eigenen Volk hielten, mit ihren Soldaten in Kiangsi ein. Zu den Ankömmlingen zählten unter anderem Tschen Yi, Lin Piao und Peng Teh-huai.

1928 mußte das moskautreue ZK der Chinesischen Kommunistischen Partei seinen 6. Kongreß in Moskau abhalten. Man fürchtete in China Überraschungen, obwohl niemand genau sagen wollte, wie die wohl aussehen könnten. Jedenfalls stellte man sich in der sowjetischen Hauptstadt große Ziele, befürwortete weiterhin die Zusammenarbeit mit der Kuomintang, und nur am Rande erwähnte jemand abfällig den »Individualisten und Banditenhäuptling« Mao Tse-tung.

Dieser allerdings, der erst Monate später erfuhr, was auf dieser Moskauer Veranstaltung verhandelt wurde, war inzwischen nicht untätig gewesen. Seine Truppen hatten ohne nennenswerte Verluste die Stadt Juidjin erobert und feierlich die »Räterepublik Djinggangshan« ausgerufen.

Die »Bolschewiken« reagierten mit wütenden Angriffen ob seiner Eigenmächtigkeit und Disziplinlosigkeit. Sie versuchten nun verstärkt, die in Moskau beschlossene »Einheitsfront« mit der Kuomintang herzustellen. Einige verloren dabei ihr Leben, denn Tschiang Kai-shek ließ sie, obwohl sie doch nur mit ihm verhandeln wollten und sich zu diesem Zweck aus dem Gebiet der Räterepublik heraustrauten, einfach erschießen.

Daraufhin emigrierten die meisten anderen in die Sowjetunion. In der Folge fanden sich aber wieder andere von der Kuomintang bedrohte Funktionäre aus der Parteiführung in Juidjin ein, dem einzigen für sie sicheren Ort. Mao empfand das als Einlenken und gab seinerseits nach, entsprechend dem Prinzip: »Wer einen gemachten Fehler als einen solchen begreift und Folgerungen zieht, dem sollte nicht die Tür gewiesen werden.«

Obwohl die meisten Führer der Partei sich wieder in Juidjin in Sicherheit brachten – Fehler gemacht zu haben, glaubten sie nicht. Besonders Li Li-san, der sich an die Spitze der illegal operierenden KP setzte, aber auch Tschou En-lai, ein gebildeter Mann mit Auslandserfahrung, der klug zu taktieren verstand. Oder Liu Shao-tschi, der nach wie vor versuchte, Arbeiter für die Revolution zu mobilisieren, selbst in Shanghai, wo das Pflaster dafür wahrlich die größten Gefahren barg. Dort entstand sogar wieder ein geheimes Hauptquartier der Partei.

Mao hielt zu dieser Entwicklung eine gewisse Distanz. Juidjin, die Djinggangshan-Berge – das war die Front. Und Shanghai eben die Zentrale, der sich aber der Bauerntheoretiker, dessen Ansichten auch Li Li-san ablehnte, nicht demonstrativ widersetzen wollte.

So kam es zu einer weiteren negativen Erfahrung für die Parteiführung, als sich 1930 im Norden die Kriegsherren gegenseitig auszurotten versuchten. Li Li-san sah plötzlich eine Chance, im Windschatten dieser Kämpfe einige Städte zu erobern und so doch noch die »große Revolution« einzuläuten. Er zielte auf das Städtedreieck Wuhan, Tschangscha und Nantschang in Hupeh, Hunan und Kiangsi. Die Eroberung dieser Plätze sollte »Signalwirkung« haben, auch so eine Vokabel der Moskauer.

Mao und Tschu überlegten lange, ehe sie sich entschlossen, ihr Gebiet auf jeden Fall weiter zu verteidigen, aber auf

Bitte Li Li-sans einige Truppenkontingente für das Unternehmen abzustellen. Man würde bestenfalls die Städte erobern können, zu halten waren sie nicht. Zu früh, darüber waren sich die beiden Militärs in Juidjin einig. Man würde auf sich aufmerksam machen, und es würde Beute geben. Waffen vor allem, denn die Depots der Städte waren voll davon.

So griff das Korps von Peng Teh-huai Tschangscha an und konnte die Hauptstadt Hunans auch erobern.

Sogleich war Li Li-san aus Shanghai zur Stelle und rief für die drei Provinzen Hunan, Hupeh und Kiangsi eine gemeinsame Räteregierung aus. Als Vorsitzender fungierte er selbst. Er rief auch zu einer Kundgebung, aber statt ihm zuzujubeln, blieben die Einwohner demonstrativ zu Hause.

Währenddessen mobilisierte die Kuomintang ihre Kräfte, und die Rückeroberung begann nach zehn Tagen mit schwerem Beschuß, der die Stadt in Brand setzte. Peng Teh-huai mußte sich zurückziehen. Zu den Verdächtigen, die nach der Rückeroberung von der Kuomintang erschossen wurden, zählte auch die Frau Mao Tse-tungs, Yang Kai-hui, die illegal in der Stadt gearbeitet hatte. Nur daß man sie nicht erschoß, wie andere, sondern öffentlich enthauptete.

Tschiang Kai-shek gewann im Zuge der Rückeroberung eine Vorstellung von dem Potential, das sich in Kiangsi, in der »Räterepublik« gegen ihn angesammelt hatte, und er leitete sofort den Aufmarsch zum endgültigen Überrennen des schon viermal vergeblich angegriffenen Rebellengebietes ein. Li Li-san rechtfertigte sich für den Mißerfolg gegenüber Moskau mit dem Verweis auf Maos Ungehorsam und Unfähigkeit. Moskau fühlte sich zum Handeln gedrängt. Dieser Bauernkrieger in seinem Reservat in Kiangsi mußte entweder diszipliniert oder entmachtet werden.

Man griff auf Bo Gu und Lo Fu zurück, zwei in Moskau geschulte Parteimitglieder, die sich bereits in Juidjin befanden. Sie sollten die Sache in die Hand nehmen. Das militärische Potential in Kiangsi mußte für den Kampf gegen Japan mobilisiert werden, und zwar an der Seite der Kuomintang. Eine Vorstellung fern der Realität, die aber in Moskau gut klang, weil sie im Interesse der Sowjetunion lag.

Zur Unterstützung reiste nun Otto Braun aus Moskau an. Immer wieder dachte er darüber nach, warum man bei der Komintern einfach nicht zur Kenntnis nehmen wollte, daß Tschiang Kai-shek, der bisher mit ungeheurem Truppenaufwand das »Rätegebiet« nicht hatte erobern können, statt – wie von Moskau so sehnlich erhofft – die Japaner anzugreifen, erneut Truppen, vor allem von deutschen Beratern trainierte Artillerie zusammenzog, um gegen die Kommunisten in Kiangsi doch noch zum Erfolg zu kommen. Gegen die Leute, die nach Moskaus Vorstellungen eigentlich seine Verbündeten sein sollten. Eine vertrackte Situation, aber Braun war nicht der Mann, Moskau das klarzumachen.

Tschiang Kai-shek hatte sich nicht nur für seine Artillerie aus Deutschland Berater engagiert. Bei ihm befand sich eine Anzahl hoher deutscher Offiziere mit beachtlichen Kriegserfahrungen. Was würde von denen zu erwarten sein? Otto Braun hatte kein gutes Gefühl, wenn er an sie dachte. Moskau sah in diesen Spezialisten offenbar keine Gefahr. Jede andere Meinung hätte man dort sofort als Panikmache ausgelegt. Und Braun wußte, womit »Panikmacher« in der Sowjetunion bestraft wurden.

Irgendwann schliefen wir an Deck ein. Wachten am Morgen auf, verbrachten den heißen Tag im Schatten des Sonnensegels. Wieder kam eine Nacht, und so vergingen fast zwei Wochen. Glücklicherweise wurden wir unterwegs nicht kontrolliert. Nach dem Anlegen bewältigten wir zehn Tage Fußmarsch durch die Wälder von Kiangsi, und endlich erreichten wir Juidjin.

Li Tehs Füße waren geschwollen und wund vom Laufen,

seine russischen Schuhe waren buchstäblich verfault. Wir brachten ihn sofort zu einem Sanitätsstützpunkt der Rebellenarmee.

Es war früher Herbst 1933. Lu traf einen Freund, der ihm erzählte, Mao Tse-tung habe gerade eine Malaria überstanden, sei noch geschwächt. Ja, auf dem Papier sei er sozusagen noch Vorsitzender der Räteregierung des Gebietes, aber inzwischen braue sich etwas zusammen. Die Parteiführung habe unlängst Tschou En-lai mit dem Amt des Verteidigungsministers betraut. Mao diene jetzt unter ihm. Er sei überhaupt nicht glücklich über den Lauf der Dinge. Im übrigen liege sein Quartier in Jutu, ein paar Dutzend Kilometer nördlich der Stadt.

»Ich kenne es«, bemerkte Lu.

Als wir drei Tage später vor dem kleinen Anwesen von den geborgten Fahrrädern stiegen, sah ich die lebende Legende Mao Tse-tung zum ersten Mal. Ein großer, knochiger Mann, hager, in olivfarbenem Drillich. Er saß vor dem Holzhaus auf einer Bank, die Beine unter dem Körper gekreuzt, was an einen Buddha erinnerte – nur daß er nicht die Glatze des Allweisen hatte, sondern einen wirren, schwarzen, nach allen Seiten sprießenden Haarschopf. Er schien zu meditieren, aber als er uns kommen sah, sprang er von der Bank und kam uns entgegen.

Lu hatte mir inzwischen erzählt, daß er und Mao sich aus der Zeit, die dieser in Shanghai verbracht hatte, gut kannten, ja, daß er Mao damals, als Tschiang Kai-sheks Truppen in der eroberten Stadt jeden massakrierten, den sie für einen Rebellen hielten, Mao zur Flucht verholfen hatte.

Deshalb fiel die Begrüßung der beiden sehr freundschaftlich aus, während der große Mann sich bei mir während eines schlaffen Händedrucks eher gleichmütig erkundigte: »Willst zu uns?«

50

Mao Tse-tung
(26.12.1893 – 8.9.1976).
Die Aufnahme wurde während der Vorbereitungen zum Langen Marsch
im Djinggangshan-Gebiet gemacht. Zu der Zeit war Mao 41 Jahre alt.

Und als ich auf die weitere Frage nach meinen Beruf sagte: »Seemann«, lachte Mao dröhnend. »Das ist gut! Ja, wir werden auch Seeleute brauchen!«

Er schob uns ein Häufchen Kürbiskerne zu und ermunterte uns: »Probiert sie! Gute Ernte dieses Jahr!«

Dann rief er einen Namen, und aus dem Holzhaus trat eine junge Frau. Er bat sie, uns Wasser zu bringen, heißes, wie man es hier im Sommer trinkt, um die Innentemperatur des Körpers der äußeren anzugleichen. Nach einer alten Überlieferung aus den Schriften der frühen Mediziner erfrischte das den Körper, indem es seine Harmonie wiederherstellte.

Mao schob einen Stapel Bücher beiseite, die zwischen den

Kommandeure der Militärverbände im Guerillagebiet Djinggangshan.
Von links nach rechts:
Fang Tse-min, Tschu Teh, Deng Fa, Hsiao Ko, Mao Tse-tung.

Kürbiskernen lagen. Da lagen auch Papier und ein japanischer Stift. Während ich zuhörte, wie Lu von seinen Erlebnissen in Shanghai berichtete, auch davon, wie ich ihm geholfen hatte, was mir einige anerkennende Blicke von Mao einbrachte, betrachtete ich mir die Umgebung. In größeren Abständen standen weitere Häuser, teils aus Stämmen gebaut, teils aus luftgetrockneten Lehmziegeln. Die meisten hatten einen kleinen Gemüsegarten. Weiter entfernt schimmerte das Wasser der mit Dämmen eingegrenzten Reisfelder in der Nachmittagssonne. Die Luft bewegte sich kaum. Der Herbst würde hier nicht viel anders ausfallen als der Sommer. Zeit der Reife. Heiß. Trocken.

Aus der Ferne drang Lärm von Flugzeugmotoren herüber. Dann das dumpfe Gegrummel von Detonationen. Mao, der wohl merkte, wie ich aufhorchte, sagte: »Ihre Flieger. Sie haben hunderte. Machen in der Luft, was sie wollen – bei uns gibt es als Gegenmittel höchstens ein paar Maschinengewehre.«

Er schilderte uns die Lage. Tschiang Kai-shek hatte für die fünfte Angriffsoperation gegen das Rätegebiet inzwischen weit über eine halbe Million Soldaten zusammengezogen und formierte sie gegenwärtig zu einem Ring, um das Gebiet abzuschnüren.

An einigen Stellen hatte der Kampf schon begonnen. Als Berater standen Tschiang Kai-shek so profilierte Spezialisten wie die deutschen Generäle Hans von Seeckt, Alexander von Falkenhausen und Georg Wetzel zur Seite. Wetzel weilte gegenwärtig an der Einschließungsfront und inspizierte die Ergebnisse der ersten Angriffe.

General Wetzel wendete eine neue Taktik an. Die deutschen Militärs hatten die Erfahrung verarbeitet, daß gegen die unkonventionellen Guerillamethoden der chinesischen Rebellen nur ebenso unkonventionelle Mittel Erfolg haben konnten. Abgesehen von ihren Zermürbungsangriffen aus der Luft und mit Artillerie setzten sie auf hermetische Abschnürung des Rebellengebietes und Vernichtung allen Lebens in den Zonen, die sie nach und nach eroberten – selbst wenn es sich dabei manchmal nur um ein paar Fußbreit Boden handelte.

Sie hatten ihren Einschließungsring durch ein System von Bunkern und Blockhäusern verstärkt, die wie Sperrfestungen wirkten, und schoben dieses System, durch das für die Belagerten kein Weg mehr nach draußen führte, mit jedem Teilangriff konzentrisch weiter auf das Herz der Djinggangshan-Basis zu.

Bevor sie irgendwo angriffen, belegten sie das Gelände mit vernichtendem Artilleriefeuer und bombardierten aus der Luft. Jeden Geländegewinn sicherten sie durch neue Bunker ab, und inzwischen gab es erste Anzeichen dafür, daß dieses Betonkorsett nach und nach das Rebellengebiet zerquetschen würde.

»Genau das wird passieren«, bekräftigte Mao Tse-tung. Er rauchte fast ununterbrochen. Zigaretten, die in Shanghai hergestellt waren.

»Und was wird aus euch?« wollte Lu wissen. Damit erkundigte er sich zugleich nach unserem Schicksal, denn wir würden das Gebiet wohl kaum so schnell wieder verlassen können.

Mao zuckte die knochigen Schultern. Er wich aus, indem er sagte: »Ich habe schon, als ich Klarheit über den Charakter der Vorbereitungen bekam, empfohlen, auszubrechen. Man wartet nicht, bis die Schlächter ihre Messer gewetzt haben … Aber – ich habe wenig Einfluß. Überdies hat man mir schon angekündigt, Anfang des neuen Jahres, wenn der Volksrat des Gebietes zusammentritt, werde Lo Fu an meiner Stelle als Vorsitzender gewählt. Aus dem Politbüro wurde ich ja bereits entfernt. Ich bleibe Präsident der Räterepublik Djinggangshan. Ist das nicht tröstlich? Besonders weil der Präsident überhaupt nichts zu sagen hat. Nicht einmal mitreden darf er. Nur wie Buddha dasitzen und ein frommes Gesicht machen, während die »Moskauer« allein bestimmen. Lo Fu und Bo Gu. Beamtensprößlinge und Bälger von Mandarinen.«

Er rülpste laut und wohlig, in China ein Zeichen guter Befindlichkeit des Körpers. Im Geist des großen Mannes hingegen schien mir etwas Freude zu fehlen. Ich wollte von ihm wissen, ob er schon gehört habe, daß wir aus Swatou einen weiteren »Moskauer« mitgebracht hätten.

»Russe?«

»Deutscher«, gab Lu Auskunft. »Aber in Moskau ausgebildet. Spricht nur deutsch und russisch. Zum ersten Mal in China.«

Mao lachte so laut, daß die junge Frau im Haus aufmerksam wurde. Sie kam heraus und goß heißes Wasser in unsere Becher nach.

»Das ist typisch für sie!«, schimpfte Mao, immer noch lachend. »Keiner von ihnen hat auch nur die geringste Ahnung von uns – aber jeder kann uns Befehle schicken! Damit wir unseren Kampf so führen, daß die Russen ihn schließlich gewinnen!«

Er lachte noch einmal grollend, dann besann er sich und sagte ernst: »Es wird schwer werden, zu überleben. Ich habe davor gewarnt, sich auf einen Stellungskrieg mit einer halben Million Gegner einzulassen, zur Verteidigung eines festen Platzes. Man hat mir geantwortet, die von mir bevorzugte Kriegführung sei ein Bandenkampf und der sei unserer Sache unwürdig. Lieber würdig von Tschiang Kai-shek massakriert werden, als ihn unwürdig besiegen!«

Mao war voller Groll nicht nur auf die fernen Moskauer, die von den Chinesen verlangten, ihre Interessen denen der Sowjetunion unterzuordnen, sondern auch auf die Leute, die im Rätegebiet die Partei anführten, und die, wie er sagte, entweder bedauernswerte Dummköpfe oder aber gekaufte Kreaturen seien. Man hatte ihm übel mitgespielt, seinen Kampf mißachtet und ihn selbst aus der Reihe derer gedrängt, die an Entscheidungen beteiligt waren. Jetzt sah er eine Katastrophe nahen, aber obwohl er nicht der Mann war, sie einfach über sich ergehen zu lassen, wußte er noch nicht, was er dagegen tun könnte.

Gegen Abend riet er Lu, zum Stab Tschu Tehs zu fahren. Der General brauche für die 1. Frontarmee kluge Männer, Nachrichtenleute und Kuriere. Den Seemann, dabei blinzelte er mir zu, würde er auch nehmen. Noch auf der Rückfahrt einigten wir uns, Maos Rat zu befolgen.

Um Mao Tse-tungs Gesundheit war es in dieser Phase nicht gerade gut bestellt. Immer wieder quälten ihn Fieberschübe, die an seinen Kräften zehrten. Doch das Leiden war eigentlich nicht physisch bedingt, sondern bei dem – im Gegensatz zu seiner äußeren Erscheinung – äußerst sensiblen, gegen jede Kränkung überempfindlichen Mann eher psychischer Natur.

Er war nun einmal der Meinung, daß die realen Verhältnisse in China keinesfalls von den »Moskauern« richtig beurteilt werden könnten, die sich anmaßten, direkt über das Kominternbüro in Shanghai oder durch Weisungen an ihre 28 Zöglinge Einfluß auf die Entscheidungen der chinesischen KP oder der Organe im Rätegebiet zu nehmen. Und weil er immer wieder erklärte, die Entscheidungen für die chinesische Politik seien von Chinesen in China zu fällen, statt von Russen, Deutschen, Bulgaren oder Franzosen in Moskau, stempelte man ihn zum Feind der Komintern, zum Einzelgänger, zum Sektierer. Es waren einerseits diese Prädikate, die an ihm nagten, andererseits empfand er es als Beleidigung, daß gerade er, der seit seiner Jugend mit der chinesischen Revolution verbunden war, sich nun von Schnöseln, wie er sie nannte, die sich auf Moskauer Schulbänken herumgedrückt hatten, während er hier sein Leben einsetzte, sagen lassen mußte, er sei überflüssig, schädlich.

Als ihm einige Tage nach dem Besuch von Lu und dem Seemann Li Teh gemeldet wurde, während er sich gerade hinter dem Haus einen Eimer Wasser über den Leib goß, um sich zu erfrischen, ließ er sich Zeit und trocknete sich sorgfältig ab, ehe er nach vorn ging.

Sein Zorn baute sich dabei zu kalter Wut auf. Als er aber des Mannes ansichtig wurde, der da saß, von zwei Dolmetschern flankiert, verwandelte sich die Wut in den Drang, laut zu lachen. Der Besucher machte auf ihn den Eindruck eines in einer fremden Gegend ausgesetzten Buchhalters, der krampfhaft versucht, seine Unsicherheit zu verbergen. Er sah zu komisch aus mit dem riesigen Hut und dem zähnefletschenden Lachen.

»Deutscher?« erkundigte sich Mao, nachdem der Mann sich vorgestellt hatte. Er wußte die Antwort, aber er fragte trotzdem.

»Ja, Deutscher. Emigrant. Frunse-Akademie in der Sowjetunion.«

Mao hatte beschlossen, diesen Moskauer Abgesandten so höflich und gleichzeitig so unverbindlich abzufertigen, daß er nachher nicht wußte, woran er war. Wohl die vernünftigste Art, mit solch einem Abgesandten zu verfahren. Aber er konnte doch seine Ironie nicht ganz verbergen. Allerdings rechnete er schon damit, die Übersetzer würden sie ignorieren, als er sagte: »Sehr interessant! Sind denn unsere Leute für die Moskauer Zwecke brauchbar?«

Braun bekam von der Ironie der Frage nichts mit. Die Dolmetscher ignorierten sie und übermittelten ihm statt dessen die Floskel, ob es ihm in China gefalle.

Später konnten sie die Substanz von Maos Fragen oder Antworten nicht mehr so verharmlosen. Braun, der erzählte, man sei in Moskau schon sehr früh auf einen gewissen Mao Tse-tung aufmerksam geworden, erkundigte sich nämlich, wie er, der Präsident, die gegenwärtige Lage des Stützpunktes beurteile.

Mao antwortete gelassen, während er aus einer Kanne, die die junge Frau gebracht hatte, heißes Wasser in die Becher der Besucher goß: »Sehr schlecht. Tschiang hat Dutzende von Divisionen um uns herum gruppiert. Artillerie, Flieger. Er zwingt uns, defensiv zu kämpfen. Das habe ich immer vermieden. Schwächere wie wir müssen unverhofft dort zuschlagen, wo der Feind es nicht erwartet, immer wieder, bis er zermürbt aufgibt. Wie es jetzt aussieht, werden wir aufgeben müssen. Ich habe vorgeschlagen, mit unseren Truppen auszuweichen. In Moskau hat man anders entschieden. Oder in Shanghai – ich weiß nicht mehr so recht, wer hier entscheidet, ich muß es wohl auch nicht wissen, ich bin ja nur ein kleiner chinesischer Guerilla in der glorreichen Weltrevolution. Also werden wir untergehen. Ob aus Moskau jemand zur Totenfeier kommt?«

Braun schluckte, als der Dolmetscher beinahe wörtlich übersetzte. Er war darauf vorbereitet gewesen, in Mao einen Mann zu finden, der gegenüber der Komintern jeglichen Respekt vermissen ließ, aber nun war er doch von der Direktheit des Mannes überrascht.

Zu einem Eklat wollte und sollte er es allerdings nicht kommen lassen, deshalb erklärte er Mao ziemlich umständlich, er sei inzwischen dabei, den Einheiten im Rätegebiet zu helfen, einen möglichst hohen Grad der Organisiertheit zu erreichen.

»Ich habe die Sollstärke aller Einheiten systematisch aufgelistet …«

»Sehr wichtig!«, bestätigte Mao todernst.

»Alle Waffen, auch die Nummern, Kaliber und andere Details sind erfaßt. Gleichzeitig der Munitionsvorrat für jede Gattung.«

»Sehr wichtig!«

»Die Parteizugehörigkeit der einzelnen Kommandeure und Soldaten. Jetzt entwerfe ich gerade für das nächste Quartal einen Ausbildungsplan. Und einen Plan für militärische Einsätze …«

»Ganz außerordentlich wichtig!«, rief Mao aus und verkniff sich mühsam das Lachen, weil sein Gesprächspartner aus den Übersetzungen die Ironie natürlich wieder nicht heraushören konnte. Als Braun eine Weile schwieg, sagte er: »Ich hoffe, man wird in diesem gegenwärtigen Führungsgremium eines Tages doch zu der Einsicht kommen, daß man der Taktik, die Tschiang diesmal anwendet, nur mit beweglicher Kriegführung begegnen kann, nicht mit Verschanzen hinter heroischen Vorsätzen. Kommt man nicht zu dieser Einsicht, dann werden wir das Gebiet Djinggangshan eines Tages unter Druck räumen müssen. Das heißt, wir werden um unser Leben laufen. Haben sie flinke Füße, Genosse Li Teh?«

Braun blickte unwillkürlich auf die Verbände, die er immer noch an den Füßen trug. Salbe, etwas Mull, Stoffetzen darüber, auf denen man ein paar Schritte gehen konnte. Oder radfahren. Er biß sich auf die Lippe. Mao brannte sich ungerührt eine neue Zigarette an.

An dieses wenig erfreuliche Gespräch dachte Otto Braun zum ersten Mal im Januar des neuen Jahres 1934. Da waren seine wundgelaufenen Füße längst abgeheilt. Um diese Zeit fand die 5. Plenartagung des Zentralkomitees im Rätegebiet statt, in Juidjin. Mao Tse-tung war nicht mehr dabei. Sein Mandat hatte er an Bo Gu verloren.

Zum zweiten Mal erinnerte sich Braun an das Gespräch ein paar Wochen später, als in Juidjin der Allchinesische Rätekongreß tagte und Mao auch als Vorsitzender des Djinggangshan-Rates abgesetzt wurde. Seinen Sitz im sogenannten Frontkomitee verlor er ebenfalls. Gleichzeitig die Funktion des Politkommissars der Rebellenarmee.

Damals ahnte Braun, der laufend und mit bürokratischer Akribie auf dem Papier Gefechte gegen die langsam anlaufende fünfte Umzingelungskampagne Tschiang Kai-sheks entwarf, noch nicht, daß es in einigen Monaten einen dritten Anlaß geben würde, sich an Mao zu erinnern, und daß dies keinesfalls ein freudiger sein würde. Vielmehr ein weiterer Grund, sich darüber zu ärgern, weil Mao recht behielt, und man den Stützpunkt räumen mußte. Doch zuvor kam es noch zu einem Ereignis in der östlichen Nachbarprovinz Fukien, das Konsequenzen haben sollte: Hier war die 19. Armee der Kuomintang disloziert, eine Elitetruppe, die zugleich die östliche Grenze des Rätegebietes kontrollierte. Unter den Soldaten verbreiteten sich Stimmungen gegen Tschiang Kai-sheks Militärpolitik. Man warf ihm vor, alle Kräfte gegen die eigenen Landsleute zu mobilisieren und dabei den wahren Feinden, den Japanern, völlig freie Hand in China zu lassen.

Auch das Offizierskorps nahm diesen Gedanken auf. Die überraschende Folge war eine Art kontrollierter Meuterei.

Mehrere Offiziere reisten nach Juidjin und schlugen Bo Gu und anderen ein Zusammengehen gegen Tschiang Kai-shek vor. Anstatt mit ihnen gemeinsame militärische Aktionen gegen die von Tschiang bereits gegen die 19. Division ausgeschickte 88. Division zu vereinbaren, die von der nördlichen Einschließungsfront heranrückte, verlangte das Juidjiner Politbüro von den hilfesuchenden Offizieren die Garantie politischer Rede- und Versammlungsfreiheit für Kommunisten in Fukien, das Streikrecht und andere Freiheiten.

Das alles geschah, als in Juidjin der Rätekongreß tagte. Die Offiziere der 19. Division zogen unverrichteterdinge wieder ab.

Mao konnte so viel Dummheit kaum fassen. Tschiang Kai-shek schlug den Aufstand in Fukien erbarmungslos nieder, bevor er die 88. Division wieder an den nördlichen Einschließungsring zurückführte.

Hier hatten die Truppen der Rebellen nicht einmal versucht, die Abwesenheit ihrer Gegner für sich zu nutzen. Erst Anfang April bekam das im Norden stationierte 3. Korps den Auftrag, durch die noch teils entblößten Linien zu stoßen und Guangtschang, eine kleine Provinzstadt am Hsuekiang einzunehmen.

Aus unerfindlichen Gründen hielten Bo Gu, Braun und andere in Juidjin dieses Nest für einen wichtigen Knotenpunkt, dessen Besitz das Rätegebiet schützen könne. Die Stadt wurde zwar erobert, aber man täuschte sich in der Entschlossenheit Tschiang Kai-sheks.

Noch vor Ende April hatte er seine Kräfte nördlich der

Tschu Teh
(1886 – 1976),
gilt als Begründer der chinesischen revolutionären Armee. Militärischer
Oberbefehlshaber während des Langen Marsches. Der Bauernsohn aus
Szetchuan, der von 1922 – 1925 in Deutschland studierte, gilt als der fä-
higste Militärführer, den China hervorbrachte.

Stadt neu gruppiert und ließ sie vorrücken. Eine Abteilung
Tschu Tehs griff sie an. Andere Abteilungen sollten sie um-
fassen und einschließen. Doch das Unternehmen mißlang,
weil Tschiang Kai-shek sofort schwere Artillerie und Flieger
einsetzte, die unter den Rebellentruppen ein verheerendes
Blutbad anrichteten.

Einzig Tschu Teh behielt die Nerven und gab den Befehl
zum Rückzug. So fiel Guangtschang wieder in die Hand der

Kuomintangtruppen. Die Rebellen hatten eine empfindliche Niederlage erlitten.

Das war der Moment, an dem sich Li Teh zum dritten Mal an Maos Worte erinnerte, und langsam beschlich ihn der Gedanke, der Ausbruch, von dem Mao damals gesprochen hatte, könne vielleicht doch die einzige Chance sein, der schrittweisen Vernichtung noch zu entgehen.

Bei Mao Tse-tung stellte sich überraschend Lo Fu ein, offenbar in der Absicht, Vergangenes zu begraben und Maos Fähigkeiten wieder für die militärische Führung zu nutzen.

»Wir werden untergehen, wenn wir so weitermachen«, erklärte Lo Fu.

Mao spuckte verächtlich eine Kürbiskernschale aus, brannte sich eine neue Zigarette an und antwortete gelassen: »Wir werden nicht untergehen, wir sollten ausbrechen. Jetzt, wo der Gegner damit nicht mehr rechnet, schaffen wir es. Und wir sollten diesen akademischen Klugscheißern aus Moskau das Handwerk legen, zu gegebener Zeit.«

DURCHBRUCH

Ich hörte den guten Lu schon meinen Namen rufen, bevor ich ihn sehen konnte.

»Hung! Hung« Melde dich! Wo bist du?«

Als ich ihn zwischen zwei Lehmhäusern auf den Übungsplatz kommen sah, wo wir mit amerikanischen Eierhandgranaten übten, die aus einem Arsenal der Kuomintangtruppen erbeutet worden waren, winkte ich ihm zu. Er winkte zurück, ging aber zuerst zu meinem Ausbilder, der gleichzeitig mein Kompaniechef war, und sprach mit ihm.

Ich lebte seit Wochen in diesem Lager etwas außerhalb der Stadt Jutu und absolvierte eine in der Revolutionsarmee unerläßliche Ausbildung.

Wir lernten mit langen, unhandlichen japanischen Beutegewehren das Schießen, besser gesagt das Zielen, denn Munition war knapp. Auch den Angriff mit aufgepflanztem Bajonett übten wir. Allerdings gab es für den ganzen Zug gerade einmal ein Dutzend Gewehre und so wenig Munition, daß jeder lediglich zwei Schüsse abgeben durfte, um sich an das Schießen überhaupt zu gewöhnen. Bei den Handgranaten verhielt es sich nicht viel anders: Explosionen wurden simuliert.

Aber wir hatten eine Menge anderer, nützlicher Kenntnisse erworben: Ausdauer bei längeren Märschen mit Gepäck, das Tarnen mit Zweigen und das Schwärzen des Gesichts bei nächtlichen Einsätzen.

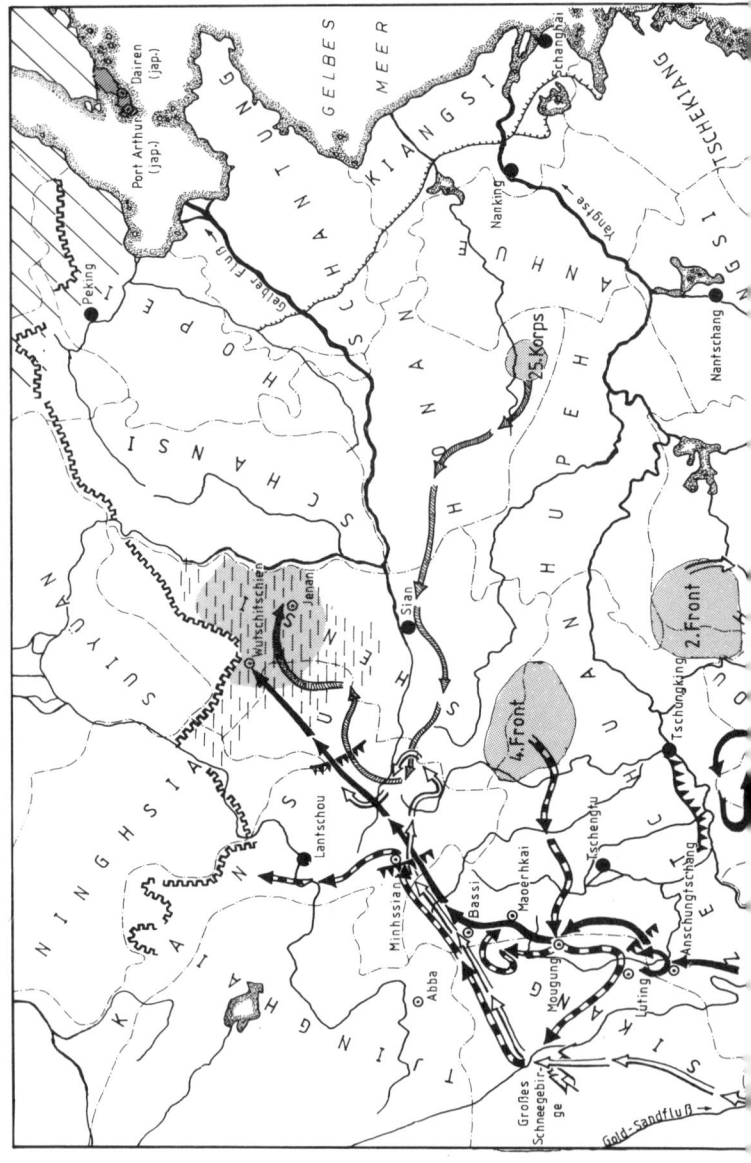

64

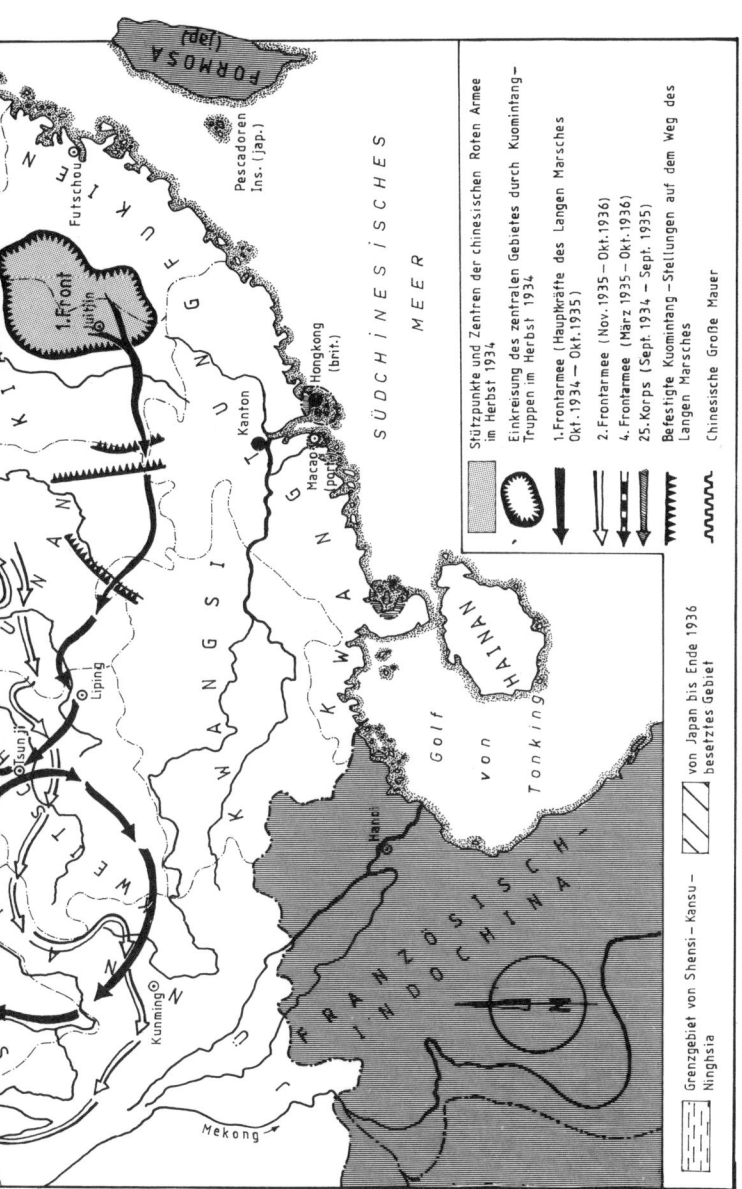

Stützpunkte und Zentren der chinesischen Roten Armee im Herbst 1934

Einkreisung des zentralen Gebietes durch Kuomintang-Truppen im Herbst 1934

1.Frontarmee (Hauptkräfte des Langen Marsches Okt.1934 — Okt.1935)

2.Frontarmee (Nov.1935 — Okt.1936)

4.Frontarmee (März 1935 — Okt.1936)

25.Korps (Sept.1934 — Sept.1935)

Befestigte Kuomintang-Stellungen auf dem Weg des Langen Marsches

Chinesische Große Mauer

Grenzgebiet von Shensi-Kansu-Ninghsia

von Japan bis Ende 1936 besetztes Gebiet

65

Wir hatten auch gelernt, selbst in der trostlosesten Gegend noch etwas zu finden, womit man sich den Magen füllen und das bohrende Hungergefühl vertreiben konnte und aus bestimmten Pflanzen Wasser zu saugen. Die Verhaltensregeln für einen Rebellensoldaten kannten wir inzwischen auch: Nichts antasten, was der Bevölkerung gehört, es sei denn, du bezahlst es, nichts mutwillig zerstören, freundlich zu den Leuten sein, einen gefangenen Gegner nicht quälen, sondern für die Revolution gewinnen. Es gab eine ganze Anzahl solcher Gebote, auf deren Einhaltung die Vorgesetzten strikt achteten.

Bei Mutproben und Belastungstests hatte ich recht gut abgeschnitten. Nur eines ärgerte mich, ich diente zwar bei den gefürchteten »roten« Rebellen, besaß aber noch immer keine eigene Waffe, es sei denn, ich hielt den selbst zurechtgeschnittenen Bambusstock für eine solche.

Der Ausbilder rief mich. Als ich vor ihm stand, eröffnete er mir ohne Vorrede: »Kämpfer Hung, du bist zu einer anderen Einheit versetzt. Du gehst am besten gleich mit diesem Mann hier.«

»Diesen Mann« kannte ich gewiß besser als mein Ausbilder, denn es war Lu. Als wir einen Steinwurf entfernt waren, teilte er mir grinsend mit: »Er hat mich für ein hohes Tier gehalten, weil ich ihm den schriftlichen Befehl für dich gezeigt habe!«

»Konnte er ihn lesen?«

»Nein, aber ich kann das. Außerdem habe ich den Text selbst aufgesetzt. Du bist zum Bewachen einer Kolonne abkommandiert, mit der einige höhere Kommandeure aus der Umzingelung ausbrechen wollen. Sie haben Dokumente und Wertsachen bei sich, müssen also besonders gesichert werden. Es ist dir doch recht, daß ich das eingefädelt habe, oder?«

Mir war im Grunde alles recht, denn ich genoß das Abenteuer, bei diesen Rebellen zu sein, vor denen die Kuomintang so großen Respekt hatte. Ich hielt diese Truppen für schlagkräftig, wenngleich nicht ausreichend bewaffnet, und die Art, wie man miteinander umging, schien mir anständiger, als das Verhältnis zwischen Matrosen, Steuermännern und Kapitänen. Es gab keine Schinderei, keine willkürlichen Strafen, keine persönlichen Beleidigungen, und das Essen war keinesfalls schlechter als auf den Küstenschiffen – abgesehen davon, daß die Kommandeure das gleiche aßen wie die Mannschaften. Ich fühlte mich bei diesem ungebundenen Leben im Rebellengebiet keinesfalls unwohl.

»Also geht es los?« erkundigte ich mich bei Lu.

Er nickte. »Sehr bald. Das Gebiet ist nicht mehr zu halten. Eine Gruppe wird hierbleiben und dem Gegner vortäuschen, alles sei beim alten, aber die Hauptkräfte werden den Ring durchbrechen.«

»Richtung?«

Lu zuckte die Schultern. »Genau weiß niemand, wohin es letztendlich gehen soll. Der Aufbruch kommt etwas hastig. Man hat wohl den besseren Zeitpunkt verpaßt.«

»Nicht einmal Mao Tse-tung hat eine Vorstellung?«

Lu lächelte. »Den haben sie kaltgestellt. Aber er hat seine eigenen Verbindungen, und er erzählt manches. Etwa daß Tschiang Kai-sheks Polizei in Shanghai die Funkstelle der Kommunistischen Internationale ausgehoben hat. Über dieses Büro lief die Nachrichtenverbindung nach Moskau, und von dort erhielt die Führung ihre Weisungen. Aber die Verbindung ist tot. Vermutlich auf lange Zeit. Und Tschiang Kai-shek weiß nicht nur das. Die beiden Funker in Shanghai haben ausgepackt. Wie auch immer – die Führung in Juidjin muß jetzt selbst handeln. Vielleicht ist das für die chinesische Sache gar nicht so schlecht. Einstweilen hat man sich für den Ausbruch entschieden.«

Ich wollte wissen, wann es soweit sei. Lu meinte, in ein

paar Wochen, etwa Mitte Oktober. Zumal der Herbst in dieser Gegend schon wegen des angenehmen Klimas Vorteile bei Kampfhandlungen bot.

»Und du weißt wirklich nicht, wohin es geht?«

»Ich habe den Verdacht, noch nicht einmal unsere Führung weiß das genau. Nein, es gibt kein endgültiges geografisches Ziel. Heraus aus der Einschließung, das ist die Parole, denn die Umklammerung wird immer gefährlicher. Wir sind nicht in der Lage, feste Plätze zu verteidigen. Unsere Sache ist die bewegliche Kriegführung. Glaubt man allerdings den Gerüchten, dann geht es nach Südwesten. Wie es heißt, will man versuchen, die Gruppe von General Ho Lung zu erreichen, die dort irgendwo steht, und dann mit dieser zusammen weiterzumarschieren. Aber wohin …« Er zuckte wieder die Schultern.

»Wo steht denn Ho Lung?«

»Im großen Yangtse-Bogen, wo die Provinzen Hupeh, Shensi und Szetchuan zusammenstoßen. Günstige Ausgangsbasis für neue Aktionen, sagen manche. Aber das sind alles nur Gerüchte.«

Auch drei Tage später wußte ich noch nicht viel mehr. Aber ich besaß inzwischen mein eigenes Gewehr. Ein älteres japanisches Beutestück, ziemlich schwer, mit konisch geformten Patronenhülsen und einem furchterregend langen Bajonett. Außerdem bekam ich noch zwei Handgranaten und konnte mir an einer Sammelstelle aus einem Haufen wild durcheinander liegender Militärbekleidung etwas Brauchbares heraussuchen. Es waren meist erbeutete Uniformen, auch solche, die man toten Japanern ausgezogen hatte. Aber ich zögerte nicht, mich einzukleiden, denn meine Zivilkleidung, in der ich bis jetzt herumgelaufen war, zeigte einen gefährlichen Grad von Verschleiß. Erst jetzt erfuhr ich, daß die Gruppe von vielleicht fünfzig jungen Männern, zu der ich nun gehörte, auch den Präsidenten des Rebellengebietes begleiten sollte – Mao Tse-tung.

Die Führer in Juidjin, bei denen er als politischer Störenfried galt, hatten entschieden, daß er nicht mit den Hauptkräften aus der Einschließung ausbrechen sollte, sondern von Jutu südwärts auf einer von ihm selbst zu wählenden Route. Man reagierte damit auf seine Kritik, die vom Oberkommando gewählte Route, die über etwa hundertfünfzig Kilometer südwärts bis nach Hsinfeng verlief, sei dilettantisch.

So brachen wir am späten Nachmittag des 16. Oktober 1934, einem sehr schönen, trockenen Herbsttag mit erträglichen Temperaturen von Jutu auf. Späher hatten im Einschließungsring eine günstige Stelle entdeckt, die wir bei Einbruch der Nacht erreichten. Ein halbes Dutzend Mitglieder unserer Gruppe schwärzte seine Gesichter und Hände. Nur mit Messern bewaffnet, verschwanden sie in der Dunkelheit.

Wir anderen suchten Schutz in einem Akazienwäldchen. Beim Aufbruch hatte ich Mao Tse-tung gesehen. Wie es schien, war er von seiner Malaria genesen, denn er marschierte mit kraftvollem Schritt. Seine vier muskulösen Leibwächter hielten sich dicht neben ihm. Als ich Lu darauf aufmerksam machte, flüsterte er mir zu: »Er fühlt sich bedroht. Seit er der Führung offenbart hat, daß er in entscheidenden Fragen ihre Meinung nicht teilt, fühlt er sich nicht mehr sicher.«

Die Späher kamen nach einer Stunde zurück und führten uns durch eine Bresche im Einschließungsring. Wir zogen an einigen Toten vorbei. Ihre Waffen trugen jetzt die Späher. Vor uns lag Buschland. Wir durchquerten es im Verlaufe der Nacht, immer bestrebt, möglichst schnell voranzukommen, weg von den Stellungen der Gegner. Es ging südwärts. Von Lu wußte ich, daß einige Kilometer ostwärts und westwärts von uns die Hauptkolonnen marschierten. Das war so beschlossen worden, um den Gegner zu verwirren. In der Tat hörten wir im Laufe der Nacht ab und zu vereinzelte Schüsse, auch gelegentlich das Rattern eines Maschinengewehres, aber dabei blieb es meist.

Noch zögerte wohl Tschiang Kai-shek, Truppen zusammenzuziehen, um eine nächtliche Kolonne Rebellen massiert anzugreifen. Er hielt das für eine Falle, denn er würde Teile des Einschließungsringes von Soldaten entblößen müssen und fürchtete dann dort den Durchbruch.

Seinen Irrtum erkannte er erst, als unsere beiden Marschsäulen an seinen Hauptkräften vorbei und verschwunden waren.

Tschiang Kai-shek stieß Tage später in das Rebellengebiet vor. Er besetzte sogar Juidjin, nachdem er es vorsichtshalber durch Artillerie und Fliegerbomben in Schutt und Asche gelegt hatte. Dabei stieß er kaum auf Widerstand. Lediglich die im Rebellengebiet zurückgebliebene Guerillaverbände griffen hin und wieder aus sicheren Verstecken heraus überraschend an, um dann spurlos zu verschwinden.

Trotz vieler Unzulänglichkeiten war der Ausbruch gelungen. Die Verfolger lagen weit hinter uns in ihren jetzt nutzlosen Stellungen. Es würde dauern, bis sie sich gesammelt hatten und zur Verfolgung antreten konnten.

Nun zeigte sich, daß Tschiang Kai-shek einen entscheidenden Fehler gemacht hatte, der wohl kaum noch zu korrigieren sein würde. Man hatte ihn gewarnt, der Ausbruch der eingeschlossenen kommunistischen Verbände stünde bevor. Doch er hatte seinen eigenen Angriffstermin nicht vorverlegt, denn er wollte nicht glauben, daß seine Gegner einen Ausbruch wagen würden. Nun stand er vor dem Problem, seine stark dislozierten Truppen aus ihren Stellungen herauszulösen und dann die Verfolgung zu organisieren. In jedem Falle würde er viel Zeit verlieren, und die Ausgebrochenen hatten bereits einen Vorsprung von mehreren Tagen.

Er versuchte es trotzdem. Aber der Erfolg blieb aus. So setzte er darauf, daß die in südwestlicher Richtung fliehenden Kommunisten schon bald auf die Regionaltruppen aus der Provinz Kuangtung treffen mußten, die im Südwesten in Lauerstellung lagen.

Tschiang schickte seine Aufklärungsflugzeuge voraus. Aber zu seinem Verdruß konnten sie nur wenig über den Gegner melden: Die Rebellen marschierten in einer verwirrenden Vielzahl von Kolonnen, vorwiegend bei Nacht, und versteckten sich tagsüber so geschickt im Gelände, daß sie nahezu unsichtbar blieben.

Dann erreichte ihn die Meldung, daß sich die Kuangtung-Regionaltruppen, auf die er gerechnet hatte, südwärts zurückzogen, in ihr eigenes Territorium. Sie mieden den Zusammenstoß mit den Rebellen, wichen ihnen aus, weil es unter Soldaten wie Offizieren sehr geteilte Meinungen über das Kriegführen für Tschiang Kai-shek gab.

So mußte der General voller Zorn feststellen, daß ihm die Rebellen, deren Gebiet er viermal ergebnislos angegriffen hatte, nun buchstäblich davonliefen. Als er seinen Stabsoffizieren diese mißliche Entwicklung schilderte, um sie für die Verfolgung zu motivieren, sprach er allerdings trotz äußerster Erregtheit nicht von »Davonlaufen«, sondern von einer »ungeordneten Absetzbewegung«, für die sich jeder Soldat, der an der Einschließung beteiligt war, schämen müsse. Um die verlorene Ehre zu retten, gäbe es nur die sofortige Verfolgung und Vernichtung der kommunistischen Widersacher.

Die großen Worte konnten allerdings nur dürftig verschleiern, daß Tschiangs zentral geleitete Truppen den Kommunisten wie zu spät gestartete Jagdhunde hinterher hechelten.

Tschiang befürchtete schon jetzt, daß diese Verfolgung infolge der Unbeweglichkeit seiner großen Verbände und auch infolge der zu erwartenden Kompetenzstreitigkeiten mit den Provinzchefs und den lokalen Truppenkommandeuren zu keinem durchschlagenden Ergebnis führen würde. Trotzdem stellte er Verbände für die Verfolgung zusammen und wies andere gleichzeitig an, im Djinggangshan-Gebiet verbliebene Guerillagruppen bis zu deren endgültiger Vernichtung zu jagen.

Bei Tage rasteten wir, weil die Flieger Tschiangs oft über uns kreisten. Sie warfen gelegentlich Bomben, und gleich am zweiten Tag zerstörten sie die rechte Tragfläche eines mitgeführten Flugzeuges, daß schon seit längerer Zeit demontiert im Djinggangshan-Gebiet versteckt gewesen war. Der Militärrat wollte die Maschine bewahren, um sie vielleicht eines Tages doch gegen Tschiang einsetzen zu können – vorausgesetzt, man brachte es fertig, alle Teile richtig zusammenzufügen und dann einen Piloten zu finden.

»Du mußt wissen, Hung«, erklärte mir Lu bei einer Rast, »daß beispielsweise Bo Gu in seinem ganzen Leben noch an keinem einzigen Gefecht teilgenommen hat. So wie ihm fehlen auch den meisten anderen in der Führung bestimmte Erfahrungen. Darum überbewerten sie die schweren und modernen Waffen, wie sie Tschiang reichlich besitzt. Und so lassen sie unsere Soldaten eben dieses Ding mitschleppen. Das Flugzeug ist nicht die einzige Kuriosität. Lastträger müssen zentnerschwere Teile demontierter Druckmaschinen, Kisten voller Silbermünzen und ballenweise Flugblätter schleppen, gar nicht zu reden von den Küchengeräten oder den Lebensmitteln. Mao Tse-tung hingegen hat für seine Gruppe schon entschieden, unnötige Lasten einfach wegzuwerfen, weil sie unser Tempo bremsen.«

Ich traf Lu öfter. Er hatte von Mao Tse-tung den Auftrag, den Marsch unserer Kolonne zwischen den beiden großen Marschsäulen zu überwachen und bei Störungen sofort einzugreifen. Auch Mao sah ich öfter. Einmal kam er sogar auf mich zu, klopfte mir auf die Schulter und machte einen Scherz über Seeleute, die zu Fuß unterwegs sein müssen. Aber er konnte ihn nicht ganz zu Ende bringen, denn wie ein Gespenst schoß im Tiefflug ein Flugzeug heran, ein Hochdecker mit Sternmotor. Seine beiden Maschinengewehre begannen zu tacken, so daß wir uns hinwerfen mußten. Zum Glück pfiffen die Kugeln nur durch die Äste der Bäume.

Als wieder Ruhe einkehrte, erhob sich Mao, der unmittelbar neben mir Deckung gesucht hatte, und sagte gelassen: »Sogar Charles Lindbergh soll eine dieser Stechwespen für den General fliegen.

Freiwilliger … Kennst du Charles Lindbergh?«

Ich kannte ihn nicht, und Mao erklärte mir, er sei ein sehr berühmter amerikanischer Pilot, der erst vor einigen Jahren im Alleinflug den Atlantik bezwungen habe.

Ich erfuhr nie, ob er nur scherzte oder ob er die Wahrheit sagte, denn plötzlich entdeckte er die von den Trägern bei Beginn des Luftangriffs weggeworfene Tragfläche. »Da, nun ist die alte Krähe endgültig lahmgeschossen! Kinderidee von Bo Gu, uns mit so etwas zu belasten!«

Den Trägern des silbrig angestrichenen Flügels, der, von MG-Kugeln durchsiebt am Boden lag, rief er zu: »Laßt das Ding verrotten! Es ist sowieso nicht mehr zu gebrauchen. Tragt lieber einen Verletzten.«

Mao, so erfuhr ich von Lu, der ihn fast ständig begleitete, pendelte zwischen den einzelnen Marschkolonnen, sprach Leuten Mut zu oder kümmerte sich um Erleichterungen. Er sorgte dafür, daß Verletzte auf den mitgeführten Pferden und Mauleseln transportiert oder bei zuverlässigen Leuten am Wege in Pflege gegeben wurden. Die Führung wußte von diesen Aktivitäten Maos, der auch regelmäßig mit Offizieren und Generälen anderer Verbände sprach, aber sie ließ ihn gewähren.

Obwohl ich keine Landkarte besaß – es gab wohl in unserer Gruppe überhaupt keine – folgerte ich aus Lus Berichten, daß wir zwischen den beiden kleinen Ortschaften Gandshou und Huitshang südwärts marschierten, durch noch relativ feindfreies Gebiet, während uns die eigentlichen Kampftruppen, die parallel zu uns marschierten, sozusagen abschirmten.

Gelegentlich bellten irgendwo im Wald Schüsse. Dann schwärmten ausgesuchte Kämpfer aus und versuchten aufzuklären. Manchmal kam es zu minutenlangen Feuergefechten.

Unsere Kommandeure hatten uns informiert, daß wir einige Wochen durch Gebiete ziehen müßten, in denen es Bereitstellungen und rückwärtige Dienste jener Truppen gab, mit denen Tschiang das Rebellengebiet hatte angreifen wollen. Insgesamt führte unsere Gruppe drei größere Gefechte. Ich nahm nur am letzten als Kämpfer teil. Meine Feuertaufe verlief einigermaßen glimpflich. Ich schoß auf Gestalten, die vor uns im Gebüsch lagen. Aber sie schienen mir nicht sehr entschlossen. Ihr Feuer wurde schwächer, und schließlich merkten wir, daß der Gegner sich bis zu einem nahen Waldstreifen zurückgezogen hatte. Ich atmete auf. Angst hatte ich zwar keine gehabt, das glaubte ich wenigstens, und wenn, dann hätte ich es mir nicht eingestanden. Aber es war schon ein seltsames Gefühl zu wissen, daß jeder Schuß sein Ziel finden und mein Leben beenden konnte. So schnell wird man nicht zum kaltblütigen Kämpfer …

Mit kleineren und größeren Gefechten, in denen ich mich langsam daran gewöhnte, daß ich sozusagen mein Leben verpfändet hatte, verging Woche um Woche. Wir marschierten am Tage, solange sich keine Flieger zeigten, und auch nachts legten wir Meile um Meile zurück. Der Schweiß fraß an meiner Haut, und die Füße schmerzten. Längst trug ich keine Schuhe mehr, sondern mehrere Lagen Lappen, die mit Bindfaden um die Füße gebunden waren.

Seltsamerweise lief es sich damit nicht schlecht, und die Schmerzen klangen langsam ab.

Dann sagte einer, seit unserem Aufbruch seien zwei Monate vergangen. Ich schätzte die Entfernung, die wir zurückgelegt hatten, auf fünfhundert Kilometer.

Jetzt bekamen wir es häufiger mit Truppen aus der Provinz Kuangtung zu tun. Regionalverbände, die die nördlichen Grenzen ihres Gebietes schützten. Zwar folgten sie durchaus nicht jedem Befehl Tschiang Kai-sheks, waren aber nichtsdestotrotz ernstzunehmen, zumal sie das Gebiet besser kannten als wir. Um nicht unnötige Gefechte zu provozieren, wichen wir etwas nach Norden aus, und wie es bei Provinztruppen üblich war, folgten sie uns nicht. Inzwischen befanden wir uns im tiefsten Süden von Hunan, und wie unsere Späher berichteten, lag die Trasse der im Bau befindlichen Eisenbahnlinie Wuhan – Kanton vor uns, die von Hunan-Truppen bewacht wurde.

Als die Sonne den ersten Streifen des Horizonts färbte, griff meine Gruppe Baracken an, in denen sich Soldaten verschanzt haben sollten.

Einige unserer Männer produzierten mit Trommeln, Feuerwerkskörpern und Geschrei einen – wie wir dachten – furchterregenden Lärm. Er stärkte wohl eher unseren Mut, als daß er die Gegner demoralisierte.

Ich sah aus einer Baracke mehrere Soldaten herausstürzen, kaum bekleidet, aber mit Gewehren bewaffnet. Mein erster Schuß aus dem alten japanischen Gewehr traf einen der Männer. Die anderen warfen sich zu Boden.

Blitzschnell waren wir über ihnen. Ich sah rechts und links Haumesser niedersausen, hörte Schreie, Schüsse, aber ich war so erregt, daß ich das alles wie in einem Traum erlebte. Das Erwachen kam erst, als plötzlich einer der Soldaten vor mir stand, ein junger Bursche, nur mit einer Turnhose und einem löcherigen Hemd bekleidet. Er trug nicht einmal eine

Waffe, reckte beide Hände in den Morgenhimmel, und sein Gesicht war so von Angst verzerrt, daß ich mein Bajonett kurz vor seinem Bauch stoppte und ihm befahl, sich auf den Boden zu legen.

Er kam zitternd der Aufforderung nach. Inzwischen ging der Angriff weiter. Aber es war kein erbitterter Kampf, denn die wenigen Soldaten, die das Lager der Bahnarbeiter bewachten, wollten nicht sterben. Sie erklärten uns, sie hätten nichts gegen uns und unsere Führer, ihnen sei alles ziemlich egal, wenn sie nur ihr Leben behielten. Diesem Verhalten sollten wir später noch oft begegnen.

Ich fand in einer der Baracken ein modernes Gewehr samt Munition und beglückte einen Kameraden mit meiner japanischen Uralt-Flinte. Als das Gefecht zu Ende war, folgte ich dem Rat meines Gruppenführers, der sich meinen Gefangenen vornahm und mir anschließend vorschlug, ihn Munition tragen zu lassen, er sei brauchbar für die Rote Armee Chinas. Mein Gefangener! Ich fragte den Jungen, woher er käme. Er antwortete etwas weinerlich: »Aus Kweilin. Mein Vater ist gestorben, und meine Mutter konnte die Summe nicht aufbringen, die sie dem Rekrutierungschef hätte bezahlen müssen, damit er mich vergißt. So kam ich hierher.«

Ich hatte auch Zigaretten in der Baracke gefunden und bot ihm eine an. Er rauchte nicht einmal. Feinde! Die Munitionskästen schleppte er brav und ohne Klage. Er hieß Hsiang.

Wir verließen die immergrünen Wälder, das Gewirr der Täler und Schluchten, der fußbreiten Pfade. Vor uns lag bestelltes Land. Reisfelder, winzige Siedlungen, Bambushaine. Unser Weg führte nach Liping, eine kleine Stadt an der Ostgrenze der Provinz Kueitschou. Bald wich die idyllische Landschaft allerdings wieder einem Gewirr von Felsklippen und steil ansteigenden Bergen. Nur gab es hier offenbar kaum Gegner.

Das tröstete uns über die Schwierigkeiten des Marsches hinweg. Auch über den Hunger, denn unsere Vorräte schmolzen, und wir aßen nur noch wenig, um sie zu strecken.

Liping kam in Sicht. Wir beobachteten die Kleinstadt eine Weile, aber da zeigte sich kein Gegner. Ein Landstädtchen ohne Besatzung. Späher riskierten einen Blick, und als sie zurückkamen, riefen sie uns schon von weitem zu: »Nichts zu sehen von Tschiang!«

Ich feuerte keinen Schuß ab, während wir in die Stadt einrückten. Nebenbei erfuhr ich, daß eine Division Kuomintangtruppen bis vor kurzem noch nördlich von unserer rechten Marschkolonne in gebührender Distanz sozusagen auf die Chance gelauert hatte, zuzuschlagen. Jetzt blieb sie zurück. Sie konnte unser Tempo nicht mithalten. Vielleicht kamen auch ihre schweren Waffen und ihr Nachschub nicht mit!

Ausschlafen! Ich suchte mir einen schattigen Platz, nachdem ich der Einladung einer Bauernfamilie am Stadtrand gefolgt war und mit ihnen gedünstete Ente gegessen hatte. Hsiang, mein Gefangener, der ebenfalls eingeladen gewesen war, erbot sich, zu wachen, während ich schlief. Er entpuppte sich als ein Junge, der keine Falschheit kannte. Vor allem hing er an mir, nachdem ich ihm gesagt hatte, ich würde nach diesem Krieg wieder zur See fahren, und wenn er Mut genug habe, ihn als Schiffsjungen mitnehmen. Manchmal hatte ich den Eindruck, er lebte bereits in einer anderen Welt. Auf See!

»Nach Tsunji geht es!«, teilte mir Lu mit, der mich lange gesucht und endlich ausfindig gemacht hatte. Ich saß gerade mit der Bauernfamilie am Tisch und aß »Reis mit tausend Überraschungen«.

Ich war sehr froh, daß sie ihn auch einluden, und er zeigte mir eine Landkarte, auf der die Stadt verzeichnet war.

»Vielleicht zehntausend Einwohner«, sagte er. »Kaum Militär. Erholsamer Platz. Sommersitz des Provinzchefs von

Rast während des Marsches:
Peng Teh-huai (links) mit zwei seiner Offiziere.

Kueitschou. Überhaupt – eine Gegend, in der es wenig Gefahren für uns gibt. Die Führung denkt daran, dort eine neue Rebellen-Republik zu gründen. Aber Mao Tse-tung meint, das sei Unsinn. Immerhin, man wird Zeit und Ruhe haben, um über das weitere Vorgehen nachzudenken. Meinungen auszutauschen.«

Unsere Gastgeber freuten sich, daß es uns schmeckte. Ihre Provinz war reich. Die Felder brachten gute Ernten, und überall sah man Vieh. Für die Leute waren wir so etwas wie eine Erscheinung aus einer alten Legende über gute Menschen. Es wurde nicht geplündert, die Frauen hatten ihre Ruhe, und wo die Armee Reis kaufte oder Öl, bezahlte sie aus den Silberkisten, die wir seit Juidjin mitschleppten. Außerdem waren wir nur auf dem Durchmarsch. Wir waren keine

78

Soldaten, die sich einnisten wollten, sondern eine Armee, die weiterzog. Das stimmte die Bevölkerung versöhnlich. Auch Provinztruppen kümmerten sich in der Regel kaum um uns. Wozu sich Verluste einhandeln, wenn der »Gegner« morgen bereits weiterzog?

»Und es stimmt wirklich – ihr seid diese roten Rebellen, die niemand fassen kann?« fragte mich der Bauer. Als ich ihm das bestätigte, schüttelte er nur den Kopf.

Dreihundert Kilometer waren es bis Tsunji.

Die Spitzengruppe der linken Marschsäule war im dichten Regen, nach der Überquerung des Wu-Flusses aufgebrochen, um den günstigsten Weg zu erkunden. Man hatte mehrere Tage gebraucht, um den Wu zu erreichen. Von Liping bis zu diesem gut zweihundert Meter breiten, schnell fließenden Wasser, das zwischen gefährlichen, überhängenden Felsklippen dahinschoß, hatte es kein Gefecht mehr gegeben. Der Wu aber war an der einzigen Stelle, die sich zum Überqueren eignete, nicht nur ein Naturhindernis – auf dem Westufer lag ein Bataillon Provinztruppen in Stellung. Sie sollten die Rebellen so lange aufhalten, bis vom Norden die drei Regimenter Kuomintangsoldaten heran waren, die immer noch hinter uns her hetzten. Diesmal folgten die Provinztruppen dem Befehl.

Die wenigen Fährboote, die es gegeben hatte, waren verbrannt worden. Im strömenden Regen schnitten unsere Leute in den Wäldern Bambus und bauten winzige Flöße, mit denen sie zwei Tage lang versuchten, den Wu zu forcieren – vergeblich. Entweder trieb sie die Strömung hoffnungslos davon, oder sie gerieten ins Feuer der Soldaten am Westufer. Zum Glück ahnten diese nicht, daß alles nur ein Ablenkungsmanöver war.

Der Kommandeur der Spitzengruppe, ein erfahrener Guerilla, war unbemerkt mit einem Trupp Soldaten südwärts ver-

schwunden. Er kannte sich in dieser Gegend aus. Weiter südlich gab es einige Siedlungen des Miao-Stammes, einer Minderheit, die ein äußerst gespanntes Verhältnis sowohl zu den
Kuomintangleuten als auch zu den Provinzsoldaten Kueit-
schous hatte. Mit ihrer Hilfe überwanden die Angreifer den
Fluß. Die Miao benutzten nämlich Flöße aus gegerbten Tierhäuten. Von vielen zwar verlacht, erwiesen sich die recht pri-
mitiven Fahrzeuge dennoch als äußerst nützlich.

Am Abend des zweiten Tages trat an der Übergangsstelle
Ruhe ein. Schwerer Regen fiel. Die Verteidiger am Westufer
hockten in ihren Felsspalten und froren. Am Ostufer schien
jedes Leben erloschen, seit das Tageslicht verblichen war.

Da peitschte plötzlich MG-Feuer auf. Vom Oberlauf des
Flusses näherte sich mit der Strömung ein seltsames, pon-
tonartiges Gebilde aus luftgefüllten Tierhäuten, besetzt mit
Rebellen, die auf alles schossen, was sich am Westufer bewegte.

Die Strömung trieb das seltsame Floß ans Westufer. Blitzschnell sprangen zwei Dutzend Männer an Land, erkletterten
die nächsten Felsen und hielten mit ihrem MG und zusätzli-
chem Gewehrfeuer die Verteidiger am Boden.

Währenddessen erschienen mit der Strömung weitere,
kleinere Flöße aus Tierhaut, alle mit schießenden Rebellen
besetzt, die unmittelbar nach dem Anlegen am Westufer weiter in die Felsen vordrangen und die Verteidiger aus ihren
Verstecken jagten. Als Krönung dieses tollkühnen Angriffs
stürzten sich jetzt am Ostufer unzählige Rebellen mit ihren
aus Bambus gefertigten Ein-Mann-Flößen ins Wasser und
paddelten westwärts , dem umkämpften Ufer zu.

Etwa eine Stunde später war alles vorbei und der Fluß
überquert. Am Westufer wurden die restlichen Verteidiger gesammelt. Die Rebellen hatten sich einen Plan zurechtgelegt,
wie sie die etwa zwei Wegstunden westwärts liegende Klein-

stadt Tsunji, die mit einer intakten Mauer umgeben war, auf der es auch Verteidiger gab, schnell erobern könnten.

Die Gefangenen wurden in eine Grotte gebracht, in der sie bereits vorher kampiert hatten. Der Kommandeur der Rebellen befahl ihnen, sich auszuziehen.

Wenig später steckten Rebellen in ihren Uniformen. Die Kueitschou-Soldaten rollten sich in ihre Decken. Man hatte ihnen gesagt, sie dürften schlafen, während Tsunji erobert werde. Danach würde ihnen jemand Kleidung bringen und sie abholen. Die Gefangenen, die wohl insgeheim schon mit dem Leben abgeschlossen hatten, waren erleichtert. Einige von ihnen durften ihre Uniformen anbehalten und wurden mitgenommen.

Zwei Stunden später lief auf der regengepeitschten Ebene vor dem Nordtor der Stadt ein Schauspiel eigener Art ab: Von Westen her rannten Soldaten in Kueitschou-Uniformen auf das Tor zu. Sie waren offenbar auf der Flucht, aber ihre Waffen trugen sie bei sich. Eine andere Gruppe, die im Regen noch schlecht zu erkennen war, versuchte sie einzuholen.

Die »Flüchtenden« erreichten das rettende Tor, schlugen gegen das Holz und riefen ihren Kameraden auf der Mauer zu: »Macht auf! Schnell! Rettet uns vor den Kommunisten! Schnell, macht auf!«

Der Kommandant der Wache fragte nach der Parole. Der Anführer der Rebellen stieß einen der Gefangenen an, und der rief sie folgsam. Daraufhin gab der Kommandant den Befehl, das Tor zu öffnen.

Er lebte nicht mehr lange genug, um seinen Irrtum zu erkennen. Die »Flüchtenden« und ihre »Verfolger« strömten gleichzeitig durch das Tor der kleinen Stadt, deren Einwohner erst am Morgen begriffen, daß es nirgendwo mehr Provinzsoldaten gab, es sei denn als Gefangene. Dafür eilten stimmkräftige Männer in alle Winkel der idyllischen reichen Stadt und verlasen eine Proklamation, die die Einwohner darüber informierte, daß Tsunji ab sofort vom 1. Korps der Chinesischen Roten Armee regiert werde. Es werde keine Hinrichtungen geben, keine Konfiskationen, alle sollten Ruhe bewahren und den weiteren Anordnungen Folge leisten. Die Befreier würden endlich soziale Gerechtigkeit auch in diese entlegene Gegend des Landes bringen.

Die Einwohner verstanden davon kaum etwas. Aber nach und nach getrauten sie sich wieder auf die Straßen, und bald herrschte in der Stadt das gewohnte Leben. Immer mehr Soldaten trafen in der Stadt ein. Ringsum wurden Verteidigungsstellungen besetzt. Die Einwohner bestaunten die abgerissenen, hungrigen Sieger. Aber noch mehr staunten sie, als sie merkten, daß diese Soldaten sich streng an den Befehl hielten, alles zu bezahlen, was sie in Anspruch nahmen, nichts zu requirieren, und die Frauen keinesfalls zu belästigen.

Es war Anfang Januar 1935. Der größte Teil der Soldaten aus dem Djinggangshan-Gebiet erreichte Tsunji, obwohl es harte Kämpfe und auch Verluste unterwegs gegeben hatte. Auch das Zentralkomitee erreichte die Stadt. Mancher liebäugelte wohl mit dem Gedanken, in dieser paradiesischen Gegend einen neuen Stützpunkt zu errichten. Aber die Überlegungen gediehen nicht weit. Die Entwicklung nahm eine ganz andere Richtung.

TSUNJI

Hinter dem Fluß, der durch die anmutige kleine Stadt verlief, lag ein Park, gesäumt von verträumt wirkenden Häusern, die vom Wohlstand ihrer Eigentümer zeugten. Und inmitten dieser recht aufgelockerten Wohngegend, in der nur hier und da einmal ein paar Kinder lärmten, stand das zweistöckige Gebäude, das ein Architekt den Bauten der weiter im Süden Chinas lebenden Minderheiten angepaßt hatte. Der imposante Bau gehörte dem stellvertretenden Militärbefehlshaber der Provinz Kueitschou. Zur Zeit befand er sich angeblich in Kweijang. Wenn er in Tsunji seine Freizeit genoß, bewohnte er das obere Stockwerk mit der umlaufenden Veranda unter dem kühn geschwungenen Dach. Im Erdgeschoß logierte ein Handelsunternehmen, das Sojaprodukte vertrieb. Der Inhaber war – im Gegensatz zum Hausbesitzer – sogar anwesend. Als Abgesandte der Eroberer bei ihm erschienen und baten, das Haus besichtigen zu dürfen, wollte er es kaum fassen, daß er gefragt wurde. Sagte man doch den Kommunisten nach, daß sie sich fremdes Eigentum aneigneten, ohne lange um Erlaubnis zu bitten. Der Händler führte sie durch das Haus. Das obere Stockwerk faszinierte die Männer. Es war elegant eingerichtet. Wände und Decken waren mit edlen Hölzern getäfelt. Es gab Elektrizität und Bäder mit fließendem Wasser aus großen Speichern.

»Das ist es«, sagte Lu zu seinen Begleitern, die im persönlichen Auftrag Mao Tse-tungs einen Ort suchten, an dem zwei Dutzend Personen für mehrere Tage Beratungen führen konnten.

Der Sojahändler erkundigte sich irritiert: »Muß ich meinen Besitz verlassen?«

»Das Haus wird Tagungszentrum«, erwiderte Lu. »Sie werden vom 6. Januar bis einschließlich 8. Januar nicht hier wohnen. Nichts wird entwendet oder beschädigt werden. Am Abend des 8. Januar können Sie wieder einziehen. Die 1. Frontarmee der Chinesischen Revolution dankt Ihnen im voraus für die Bereitschaft, Ihren Besitz kurzfristig zur Verfügung zu stellen. Bis zu Beginn der Zusammenkunft werden Soldaten das Haus bewachen.«

Der Sojahändler versuchte noch, sich dienstbar zu erweisen. Vielleicht wollte er auch nur erreichen, wenigstens während der Zeit, in der die Soldaten sein Haus nutzten, in der Nähe zu sein. »Ich könnte Dim Sum reichen, Herr Offizier!«

Aber Lu dankte ihm lächelnd und entschied: »Sie werden sich nicht im Haus aufhalten. Die Versorgung der Konferenzteilnehmer wird die Armee regeln. Möglich, daß sie bei Ihnen etwas kauft. Aber das wird später entschieden.«

Am Vorabend der Konferenz wurde ich von Lu zur Bewachung des Gebäudes abkommandiert. Bevor wir auf Posten zogen, wurden wir von einem jungen Mann inspiziert, der bei Mao Tse-tung eine Vertrauensstellung einnahm: Tschen Tschang-feng. Er war Maos Leibwächter, sein Bursche, Faktotum für alles – er genoß Maos volles Vertrauen.

Von Lu hatte ich auf dem Marsch von Liping zum Wukiang erfahren, daß Mao Tse-tung in Liping geblieben sei. Er wolle sich dort einige Tage aufhalten und Gespräche mit verschiedenen Truppenkommandeuren führen.

»Die Parteiführung hat uns in eine komplizierte Lage gebracht«, erklärte Lu mir, »weil sie den Marsch ohne eigentli-

In diesem Gebäude in Tsunji wurde die Konferenz abgehalten, auf der während des Langen Marsches Mao Tse-tung die moskauhörige Führung der KP Chinas kaltstellte und selbst das Kommando übernahm.

ches Ziel beginnen mußte. Lange Zeit hat sie sich nur auf Verteidigung beschränkt. Jetzt sind wir mitten im Kuomintang-Gebiet, und keiner weiß, wohin es eigentlich gehen soll, außer daß wir vor Tschiangs Truppen fliehen.«

Ich war gespannt, was Mao Tse-tung in dieser Situation vorschlagen würde. Offensichtlich war er entschlossen, wieder Einfluß auf das Geschehen zu nehmen.

»Er sitzt schon in einem Quartier in Liping und arbeitet. Tschen Tschang-feng ist bei ihm.«

Damals hörte ich zum ersten Mal von Tschen Tschang-feng und welche Rolle er spielte. Nun stand er vor mir und musterte mich.

Einen Augenblick lang dachte ich, er würde mit mir sprechen. Aber er begnügte sich mit der Musterung, nickte zufrieden und wandte sich dem nächsten zu. Am Schluß erklärte er uns: »Wir rechnen nicht mit Zwischenfällen. In der Stadt ist es ruhig. Aber wir müssen die Augen offen halten. Schließlich sind es unsere wertvollsten Führer, die hier zusammenkommen. Sie müssen absolut sicher sein. Also – wer nicht die von mir persönlich unterschriebene Einladung vorweisen kann, wird nicht eingelassen.«

Ich war neugierig, wen alles ich sehen würde. Und es fügte sich, daß ich mit einem alten Djinggangshan-Guerilla zusammen auf Posten stand, als am 6. Januar 1935 die Teilnehmer an der von Mao Tse-tung nur mit zögerlicher Einwilligung der offiziellen Parteiführung einberufenen Sonderkonferenz eintrafen. Über Tschu Teh, den stämmigen, kleinen General mit dem braungebrannten, faltigen Gesicht, dessen hervorragende militärischen Fähigkeiten selbst seine Gegner respektierten, brauchte mich der alte Guerilla nicht aufzuklären, den kannte ich schon. Auch Lin Piao und Peng Teh-huai. Liu Po-tscheng hingegen, der nicht selten »Meister des Handstreichs« genannt wurde, sah ich zum ersten Mal. Auch Yeh Tschien-ying und Nieh Yung-tschen, die mit Mao Tse-tung zusammen erschienen. Alles bewährte Militärs, die in der Parteiführung kaum eine Rolle spielten.

Von dieser erschienen außer einigen Leuten, die ich noch nie gesehen hatte und deren Namen nicht einmal der alte Guerilla wußte, der wegen seiner lädierten Füße leicht hinkende Deutsche, der den Namen Li Teh trug, sowie Tschou En-lai, Bo Gu und Lo Fu.

Mao Tse-tung kam zuletzt. Er machte einen gesunden, beinahe fröhlichen Eindruck, ganz anders, als ich ihn aus dem Djinggangshan-Gebiet in Erinnerung hatte. Er winkte uns zu, und nachdem er im Haus verschwunden war, bezogen wir unsere Posten.

Ich wurde von Lu, der sich im Auftrage Maos um den Einsatz der Wache kümmerte, wenig später für eine besondere Aufgabe ausgewählt. Neben dem großen Konferenzraum gab es in der ersten Etage noch mehrere kleinere Gemächer. Eines davon war für kurzfristig vereinbarte Gespräche einzelner Konferenzteilnehmer reserviert, und ich hatte es besonders zu bewachen.

Da das Haus in der für tropische Gebiete üblichen luftigen Weise gebaut war, hörte man auf der umlaufenden Veranda nicht nur die Debatte aus dem großen Raum, sondern man konnte ohne Schwierigkeiten auch verfolgen, was in dem kleinen Zimmer gesprochen wurde. Während mir Lu noch meine Aufgabe erläuterte, vor dem Windschirm, der das Fenster des Zimmers schützte, das für Mao Tse-tung reserviert worden war, hörten wir seine Stimme.

Die Konferenz hatte noch nicht begonnen, und wie es schien nutzte Mao Tse-tung wohl die Zeit für eine kurze Verständigung mit einzelnen Teilnehmern. Es war der Deutsche Li Teh, dem er jetzt zuerst Tee anbot, wobei ihm eine Dolmetscherin assistierte. Wie Lu mir zuflüsterte, hieß sie Wu Kuang-wei. Der Komintern-Beauftragte beherrschte immer noch nicht mehr als vielleicht hundert Worte Chinesisch.

»Ich muß vor dieser Zusammenkunft pflichtgemäß darauf hinweisen, daß ich sie für statutenwidrig halte«, erklärte er Mao in seiner etwas rollenden Stimme. Nachdem die Dolmetscherin übersetzt hatte, ließ Mao ein freundliches Grunzen hören. «Hao, hao!«

Li Teh verwies darauf, daß er trotz aller Veränderungen immer noch offizieller Berater des Exekutivkomitees der Kommunistischen Internationale sei.

»Ohne Verbindung nach Moskau«, bemerkte Mao. Er vermied einen höhnischen Tonfall, aber er schien sich doch über den Deutschen zu amüsieren. Trotzdem hörte er geduldig zu, als ihm erklärt wurde, daß die Rote Armee der Kommunistischen Partei Chinas ein Teil der kommunistischen Weltbewegung sei, die von der weisen Führung in Moskau unter Berücksichtigung der weltpolitisch wichtigsten Aspekte zum

Siege geführt werde. Der aber sei nur zu erringen, wenn jede »nationale Einheit« sich strengster Disziplin bei der Ausführung der Moskauer Weisungen befleißige, weil sonst »Schwerpunkte verschoben« würden.

Zwischen den beiden Männern gab es nicht einen Funken von Sympathie. Trotzdem hörte es sich nicht grob an, als Mao nach einiger Zeit dem Deutschen eröffnete: »Nun gut, das ist die Ansicht der Moskauer. Es ist uns schon wichtig, sie zu kennen. Aber die Dinge laufen nun mal in China ab, nicht in Moskau. Und da ist es unvermeidlich, daß wir Chinesen auch eine Ansicht dazu haben, Weißt du, Genosse Li Teh, wir Chinesen sind es nach langen geschichtlichen Erfahrungen leid, uns immer nur von Ausländern sagen zu lassen, was wir zu tun haben. Deshalb darf es dich nicht wundern, wenn wir heute das, was in China geschieht, selber entscheiden wollen. Allein. Nachdem wir die Meinung der Moskauer gehört haben, selbstverständlich. Aber es werden nicht Leute in Moskau sein, die die Politik der chinesischen Kommunisten festlegen, sondern wir. Ganz abgesehen davon, daß man heute nicht weiß, wer in Moskau morgen als Verräter entlarvt wird. Es wäre mir lieb, wenn du unsere Denkweise in Zukunft im Sinne einer guten Zusammenarbeit berücksichtigen würdest. Auch was diese Konferenz angeht, auf deren Zustandekommen ich gedrängt habe. Ich bin ein Chinese, und ich halte sie für wichtig. Deshalb findet sie statt. Wenn das den Moskauern nicht recht ist, bedauern wir das. Aber wir werden geduldig warten, bis man in Moskau eines Tages einsieht, daß chinesische Politik in China gemacht werden muß. Nicht in Moskau, von wo die achtundzwanzig Briefträger sie uns dann hierher bringen. Es wäre mir lieb, wenn du mich in dieser Hinsicht verstehen würdest, denn ich möchte, daß wir Freunde bleiben.«

»Genosse Mao Tse-tung, Sie kündigen der ruhmreichen Sowjetpartei und dem EKKI die Treue auf?«

Lu verzog das Gesicht. Wir wußten, daß Li Teh daran mitwirkte, den unbequemen Mao von der Parteiführung fernzuhalten.

Mao blieb freundlich. Er polterte nicht los, wie es sonst manchmal seine Art war. Er sagte beinahe entschuldigend: »Aber Genosse Li Teh! Wie kannst du das auch nur annehmen! Meine freundschaftlichen Gefühle gegenüber den Sowjets sind so stark, daß ich sogar Gewehre von ihnen annehmen würde. Die brauchten wir nämlich im Augenblick nötiger als kluge Ratschläge.«

Noch während die Dolmetscherin übersetzte, sprudelte der Deutsche los: »Du stellst dich also gegen den weisen Beschluß des EKKI, wonach Chinas Kommunisten und ihr Militär vor allem eine uneingeschränkte Einheitsfrontpolitik mit der Kuomintang betreiben müssen, im Interesse der Weltrevolution?«

Nach dieser herausfordernden Frage trat eine Pause ein. Teegeschirr klirrte. Schließlich sagte Mao gelassen, aber in einem Tonfall, der das Ende des Gesprächs signalisierte: »Lassen wir mal die Weltrevolution noch eine Weile beiseite, Genosse Li Teh. Es wird mit der Kuomintang eine Einheitsfront gegen die China bedrohenden Japaner geben, sobald Tschiang Kai-shek dazu bereit ist. Noch ist er es nicht. Aber wir haben Geduld. Und wenn du sie nicht hast, wenn du den Verlauf der Geschichte beschleunigen möchtest, indem du vielleicht aus unserem Schutz heraus zu Tschiang Kai-shek gehen möchtest, um ihm deinen Vorschlag zu unterbreiten – bitte, tu das. Hinterlaß uns nur, was wir mit deinem Kopf machen sollen, wenn Tschiang ihn uns zurückschickt. Er ist so freundlich gewesen, uns bisher alle Köpfe von Unterhändlern zurückzuschicken, die ihm Vorschläge für eine Einheitsfront von uns überbrachten.«

Wieder blieb es eine Weile still. Li Teh schien die Abfuhr zu verstehen, auch wenn sie höflich vorgetragen wurde.

Lu kicherte ganz leise. Wir gingen ein Stück weiter. Dann meinte Lu: »Es geht im Grunde schon seit langem um die Frage, ob unsere Partei eine chinesische ist oder eine von Moskau dirigierte. Und Mao ist für Eigenständigkeit. Nur – bisher waren die anderen stärker. Aber das wird sich möglicherweise mit dieser Konferenz ändern.«

Tschen Tschang-feng erschien auf der Veranda.. Er schaute sich um, als wolle er sich vergewissern, daß hier alles in Ordnung war. Als er uns sah, nickte er uns zu und verschwand wieder im Haus.

Lu hatte mich neugierig gemacht. Als ich ihn jetzt fragte, ob es mit dieser Konferenz Umwälzungen geben würde, die vielleicht unseren Marsch betrafen, schüttelte er den Kopf und meinte: »Keine Umwälzungen. Wir werden weitermarschieren. Aber ich denke, in der Führung wird sich einiges ändern. Mao wird sich an die Spitze stellen.«

Daß diese Vermutung nicht so ganz aus der Luft gegriffen war, wurde mir wenig später klar, als ich wieder in die Nähe von Mao Tse-tungs Zimmer kam. Er sagte gerade: »Ich weiß, daß Sie in Djinggangshan mit den anderen gegen mich gestimmt haben, Genosse Tschou En-lai. Weil ich Ihre Meinung respektiere, ohne sie stets zu teilen, und weil ich Sie gleichzeitig für einen unverzichtbaren Mann in der Parteiführung halte, für einen chinesischen Patrioten überdies, habe ich mich entschlossen, vor der Konferenz noch einmal persönlich mit Ihnen zu reden. Wir machen heute und morgen reinen Tisch mit den Leuten, die uns in eine ganz verfahrene Lage gebracht haben. Und ich erwarte, daß Sie dabei auf meiner Seite sind, in den wesentlichen Fragen. Es geht um die Zukunft Chinas, nicht um eine nebelhafte Sache wie die Weltrevolution. Kann ich, auch wenn Sie in Einzelfragen andere Wege für möglich halten, auf ihre grundsätzliche Unterstützung bauen?«

Tschou En-lai, immerhin Vorsitzender des Militärrates, zögerte nicht lange. »Ich habe während der vergangenen Monate begriffen, daß unser Marsch schlecht vorbereitet ist. Sechsmal soviel Träger wie Kämpfer, das ist verderblich. Die hohen Verluste wären bei umsichtiger militärischer Führung nicht eingetreten. Ganz abgesehen davon, daß wir wohl schon aus dem Gebiet von Djinggangshan heraus hätten intensiver Guerillakrieg gegen Tschiang führen müssen, statt uns wie die Kaninchen zu verkriechen und dem Angriff entgegenzuzittern.«

»Wir werden das ändern«, versprach Mao lachend. Dann fügte er an: »Was Sie selbst betrifft – wenn ein Mann merkt, daß er Fehler gemacht hat, ist er klüger, als diese Fehler ihn erscheinen lassen. Habe ich Ihre Zustimmung, wenn ich feststelle, die sowjetische Strategie für die chinesische Revolution ist ebenso fern unserer Realität wie die sowjetischen Gewehre?«

Tschou En-lai erwiderte: »Das ist allerdings inzwischen auch meine Meinung!«

Ich machte weiter meine Rundgänge, während die Konferenz begann. Von verschiedenen Punkten der Veranda aus waren auch die Stimmen aus dem großen Raum zu verstehen, in dem die Teilnehmer debattierten. Daher bekam ich nach und nach einen Überblick, ohne allerdings der Debatte in Einzelheiten genau folgen zu können.

Sie begann damit, daß Bo Gu, der Vorsitzende, eine Art Rechenschaftsbericht für das Politbüro erstattete. Das war ziemlich langweilig, denn es gab im wesentlichen Lob auf alles, was das Politbüro seit Djinggangshan beschlossen hatte.

Tschou En-lai schränkte als nächster Redner dieses Lob erheblich ein. Er bezichtigte sich selbst großer Fehler in der Beurteilung der militärischen Lage, was er auf seine mangelhaften Kenntnisse auf diesem Gebiet zurückführte, sowie auch darauf, daß er sich zu oft den Meinungen von Bo Gu und Li Teh angeschlossen hatte, statt sie kritisch zu überprüfen. Überhaupt seien die Vollmachten Li Tehs in Frage zu stellen. Seine Kenntnisse über die chinesische Revolution, über China überhaupt, reichten nicht aus, um Entscheidungen von großer Tragweite zu fällen, selbst wenn er erklärte, das geschähe im Namen der Kommunistischen Internationale.

Mir wurde klar, daß damit etwas ausgesprochen worden war, was man bisher stets wie ein Tabu behandelt hatte. Die Konferenz lief tatsächlich auf entscheidende Veränderungen hinaus.

Als ich meine nächste Runde gemacht hatte und wieder Zeit zum Lauschen fand, hörte ich Mao Tse-tung erklären, er habe keine Lust, weiter zuzusehen, wie einige zwar ehrenwerte, aber doch nur begrenzt fähige Illusionisten die Chancen der chinesischen Revolution verspielten, nur um einer imaginären Weltrevolution willen.

Er vermied harte Worte, nannte auch keine Namen, aber er bezeichnete die Politik der Verteidigung gegen die rings um Djinggangshan aufmarschierten Kuomintangtruppen, die zu lange betrieben worden war, als verhängnisvoll. Er habe diese Taktik im Militärrat zu verhindern versucht, leider ohne Erfolg. Jetzt erweise sich, daß er recht hatte. Der Kuomintang wäre nur durch eine bewegliche Angriffstaktik beizukommen gewesen, man hätte ihren Aufmarsch zerschlagen können, das wäre revolutionär gewesen.

Die Zahl der Gefallenen und derer, die die 1. Frontarmee auf dem Marsch verwundet oder krank in der Obhut von hoffentlich ehrlichen chinesischen Familien hatte zurücklassen müssen, spreche für die schlechte Planung des Marsches durch den Militärrat und das Politbüro. Es sei an der Zeit, die Entscheidung über militärische Fragen endlich den Militärs zu überlassen, statt bei der Ausführung der Befehle unkundiger Zivilisten noch mehr Verluste zu verursachen. Deshalb seien zu dieser Konferenz auch die wichtigsten Militärs eingeladen worden, und zwar mit voller Stimmberechtigung.

In der Nacht durfte ich in einem Haus unweit des Konferenzortes schlafen, nach einem guten Essen. Ich war am nächsten Morgen erfrischt und fühlte mich unternehmungslustig. Aus Sicherheitsgründen, wie uns Tschen Tschang-feng erklärte, wurden die Posten für das Konferenzgebäude am zweiten Tag ausgetauscht, so daß ich frei hatte.

Ich sah mir die Stadt an, in der mich vieles wieder an die friedliche Zeit erinnerte, bevor ich Lu kennenlernte und ich mich der Revolution anschloß. Da standen Marktfrauen hinter Tischen voller Gemüse, Kinder tollten herum, hier und da saßen Männer vor Teestuben an kleinen Tischen, sahen einem Gaukler zu, der einen dressierten Affen vorführte, oder einem Schlangenbeschwörer.

Die Anzahl der Soldaten, die wir in Tsunji stationiert hatten, hielt sich in Grenzen. Sie hatten ihre Kleidung gesäubert, die Waffen gereinigt, sich gewaschen und gekämmt und glichen kaum dem Zerrbild kommunistischer Krieger, das die Kuomintang in ihrem Herrschaftsgebiet verbreitet hatte.

Am 8. Januar, ich stand wieder Posten im Konferenzhaus, wurden die letzten Beschlüsse gefaßt. Die Armee sollte beweglicher kämpfen, um den Feind in die Defensive zu drängen. Im Politbüro hatte es Veränderungen gegeben – Mao Tse-tung gab fortan den Ton an, und die Zahl derer, die ihn unterstützten, war gewachsen. Ähnlich verhielt es sich im Militärrat, für dessen Vorsitz Mao von Tschou En-lai vorgeschlagen wurde. Mao hatte darauf geachtet, daß Bo Gu nicht ausgeschlossen wurde. Er sollte weiterhin mitarbeiten, ebenso im Politbüro, allerdings konnte er nicht mehr mit Li Tehs Hilfe Entscheidungen herbeiführen, die Maos Vorstellungen entgegenliefen.

Maos generelle Vorstellung, den begonnenen Marsch in nördlicher Richtung fortzuführen, wurde von der Konferenz gebilligt. Im Norden und im Nordwesten gab es weitere bewaffnete revolutionäre Einheiten, mit denen vereint man das tun konnte, was Mao als die ureigenste Aufgabe für die chinesische Revolution deklarierte, die Japaner bekämpfen, die in China eingedrungen waren und Chinas Souveränität bedrohten. Wie man im einzelnen vorgehen würde, darüber gab es keine Beschlüsse. Aber man war sich einig, daß Tschiang Kai-shek, sobald die chinesischen Kommunisten ihren Kampf gegen die Japaner intensivierten, sie nicht mehr verfolgen konnte, ohne völlig sein Gesicht zu verlieren.

Lu erklärte mir, in diesem Falle würde auch die Sowjetunion ihre Politik ändern müssen. Wenn die chinesischen Kommunisten die Japaner wirksam bekämpften, die in der Mandschurei standen und darauf lauerten, in die sowjetischen Fernostgebiete einzudringen, dann wären Chinas Kommunisten plötzlich Waffenbrüder, und Waffenbrüdern würde man endlich auch Waffen liefern müssen.

Tschou En-lai blieb im Militärrat, gab aber seinen Vorsitz an Mao Tse-tung ab. Und er war klug genug, Tschu Teh als Oberbefehlshaber vorzuschlagen. Kein anderer hatte einen so ausgezeichneten Ruf in der revolutionären Kriegführung wie gerade dieser General.

So vollzog sich in Tsunji keine persönliche Abrechnung, keiner wurde »in den Wald« geschickt, sondern hier wurden Strategie und Taktik der revolutionären Kriegführung radikal verändert und die Moskauhörigen auf die Hinterbänke verbannt, auf den Platz, den sie Mao Tse-tung zugedacht hatten.

Diesem hingegen war es gelungen, sich der Unterstützung seiner Freunde unter den Militärs zu versichern. Sie hatten ihm mit ihren Stimmen zu führenden Positionen sowohl im obersten Parteigremium als auch im Militärrat verholfen, und das, wie Lu meinte, auf sanfte Weise.

»Er hat gewonnen, weil er es fertigbrachte, seine Widersacher nicht mit Schimpf und Schande davonzujagen. Sie blieben weiter auf politischen und militärischen Posten, hatten aber nicht mehr viel zu sagen. Ab jetzt spielt Mao Tse-tung die entscheidende Rolle in der chinesischen Revolution.«

Am Abend nach der Konferenz wurde ich wieder auf Posten befohlen. Ich patrouillierte auf der Veranda. Mao Tse-tung saß mit Tschu Teh und einigen anderen Kommandeuren zusammen. Es ging um die nächsten Aktionen der 1. Frontarmee und um die allgemeine Richtung.

Mao Tse-tung wußte, daß er sich auf diese Männer verlassen konnte, weil sie sich von ihm in Zukunft mehr Verständnis für die militärischen Belange versprachen. Er beurteilte die Situation ähnlich wie sie: Nur militärische Stärke, nur die Behauptung militärischer Positionen gegenüber der Kuomintang konnte die kommunistische Bewegung am Leben erhalten und in ferner Zukunft zum Sieg führen. Es half nichts, sich gegenseitig ideologische Vorhaltungen zu machen. Der Sieg würde mit dem Gewehr erkämpft werden, nicht mit philosophischen Weisheiten.

»Wir haben mit den Freiwilligen, die wir unterwegs und hier werben konnten, knapp fünfzigtausend Mann unter Waffen«, beantwortete Tschu Teh Maos Frage nach der Stärke der Truppen.

Mao unterbreitete den Kommandeuren den Vorschlag, von Tsunji südwärts vorzugehen, und mit einigen Aktionen beim Gegner den Eindruck zu vermitteln, hier im Süden solle ein neues Machtzentrum der 1. Frontarmee etabliert werden.

»Aber wir sollten den Teufel tun, und uns hier unten festsetzen!« Mao grinste über das ganze runde Bauerngesicht, als er seine Gedanken aussprach. »Wir sollten uns mit der 4. Frontarmee Tschang Kuo-taos vereinigen, die in Szetchuan steht. Gemeinsam sollten wir nordwärts ziehen. Je weiter nach Norden wir kommen, desto weniger Truppen von Tschiang gibt es. Aber wir nähern uns den japanisch besetzten Gebieten und können endlich die fremden Eroberer bekämpfen. Tschiang Kai-shek wird ganz schnell umdenken. Er wird sich sogar mit uns arrangieren müssen, wenn wir es klug genug anfangen. Im Laufe der Zeit werden sich dann Möglichkeiten ergeben, unseren politischen Einfluß zu verstärken, im ganzen Land.«

»Und Waffen?« erkundigte sich Tschu Teh. »Die brauchen wir. So gut dein Plan ist, er wird nur mit mehr Waffen zu realisieren sein.«

Mao bestätigte das. Dann forderte er den General auf, sich die Landkarte genau anzusehen. »Siehst du, daß die nördlichste Provinz, also Sinkiang, direkt an die Sowjetunion grenzt? Beste Möglichkeit für die großen Internationalisten, uns auf diesem Wege mit ihrem modernen Gerät zu versorgen, oder?«

»Bis heute haben sie uns nicht ein einziges Gewehr geschickt!«, wandte einer der Kommandeure ein. »Warum sollten sie das dann tun?«

Wieder überzog sich das Gesicht Maos mit einem pfiffigen Grinsen. »Sie werden es tun müssen. Denn niemand wird ihnen sonst mehr ihre internationalen Parolen abnehmen. Aber uns wird man glauben, daß wir die Japaner notfalls auch mit Speeren und Haumessern bekämpfen!«

Er wandte sich der mit edlem Holz getäfelten Wand des Zimmers zu, wo eine Karte aufgehängt war, und zeichnete etwas ein.

»Das ist der Yangtse. Ihn müssen wir überqueren. Es gibt keinen anderen Weg nach Norden. Bei Tschungking und südlich davon hat Tschiang Truppen liegen. Hier unten, wo der Yangtse bis auf etwa hundert Kilometer an Kunming herankommt, um dann nach Nordosten zu schwenken. In dieser spitzen Biegung stehen zwar auch Truppen, aber keiner wird vermuten, daß wir ausgerechnet hier versuchen werden über-zusetzen. Deshalb schlage ich vor, nach einigem Getöse, das wir da unten treiben und das sich wie der Lauf von Mäusen in einem Käfig ausnehmen muß – hier setzen wir über, egal, ob Widerstand oder nicht!«

Die Kommandeure traten an die Karte. Sie begriffen lang-sam, was Mao vorschlug und waren wieder einmal verblüfft von seiner Fähigkeit, in militärischen Kategorien zu denken. Ablehnung wurde nicht laut. Es gab Funkverbindung, über die war dem Kommandeur der 4. Frontarmee, Tschang Kuo-tao, bereits mitgeteilt worden, was sich im Zuge der Konfe-renz von Tsunji verändert hatte. Seine Antwort war zurück-haltend. Beschlüsse seien für ihn nicht verbindlich. Aber die Idee, gemeinsam mit der 1. Frontarmee zu kämpfen, begrüßte er ausdrücklich.

»Klären wir die Einzelheiten«, schlug Mao Tse-tung sei-nen Kommandeuren vor, »und danach werden wir Tschang Kuo-tao unseren Plan erläutern.«

Tschang Kuo-tao war in der Kommunistischen Partei Chinas nicht nur ein bekannter Mann, sondern gehörte zu ihren Be-gründern. Ursprünglich hatte er als Agitator und Organisator in den Gewerkschaften gearbeitet. In den frühen zwanziger Jahren war er vom Fernostbüro der Komintern entdeckt und mehrmals für längere Zeit nach Moskau geholt worden. Er hatte sich grundsätzlich positiv über die Rolle der Komintern geäußert, im Gegensatz zu einem ähnlich bekannten Partei-funktionär, nämlich Mao Tse-tung, der sich auf die Arbeit mit den Bauern konzentrierte und der Komintern skeptisch ge-genüberstand.

Beide kannten sich, und sie wußten auch, daß ihre Mei-nungen in verschiedenen politischen Fragen auseinandergin-gen. Aber sie hatten dasselbe Ziel für China, und das ver-drängte vorerst ihre Meinungsverschiedenheiten.

Anfang der dreißiger Jahre okkupierte Tschang Kuo-tao bei Oyüwan an der Grenze der Provinzen Hupeh, Honan und Anhui ein Gebiet, in dem die kommunistische Partei, vertreten durch ihn, die Macht ausübte. Einen dieser vielen »Staaten im Staate« wie Maos Gebiet in den Djinggangshan-Bergen. Zwei Jahre später schon gelang es Tschiang Kai-shek, das Gebiet bei Oyüwan zu liquidieren. Tschang Kuo-tao wich mit seinen im wesentlichen aus der Gewerkschaftsbewegung rekrutierten Kräften westwärts aus, nach Nord-Szetchuan. Hier war er bis heute ungefährdet, seine Truppen waren zahlenmäßig stärker als Maos 1. Frontarmee, sie verfügten auch über mehr Ausrüstung und Waffen.

Tschang Kuo-taos Gruppe erschien Mao Tse-tung als willkommene Verstärkung, und er hatte schon seit einiger Zeit über eine Vereinigung nachgedacht. Wie das Oberkommando einer solchen vereinigten Streitmacht aussehen sollte, wußte er nicht. Er hoffte wohl auf Tschang Kuo-taos Entgegenkommen und war sicher auch bereit, ihm trotz aller kritischen Einwände große Aufgaben anzuvertrauen. Schließlich war er Oberbefehlshaber in einem befreiten Gebiet.

Als ihn an jenem Abend in Tsunji sein alter Freund Tschu Teh, der beide kannte, fragte, wie denn eine Zusammenarbeit aussehen könnte, antwortete Mao nur unbestimmt: »Wir werden sehen.«

Zwei Tage nach der folgenschweren Konferenz in Tsunji berief die 1. Frontarmee eine Zusammenkunft von Offizieren und Soldaten ein. Wie in vielen Städten des Südens gab es auch hier eine Kirche der katholischen Gemeinde. Sie bot genügend Platz.

Ohne die Kirchengemeinde auch nur zu verständigen, zogen die Kämpfer in das Gotteshaus ein, wo ihnen Mao Tse-tung – nicht von der Kanzel, sondern von einem Pult vor dem Altar aus – die Ergebnisse der Konferenz erläuterte. Man

Berittene Fahnenträger der 1. Frontarmee
während des Langen Marsches

werde zur Tradition der Volksstreitkräfte zurückkehren, zu
deren beweglicher Kampfführung und tiefer Verbundenheit
mit der Bevölkerung. Die 1. Frontarmee würde, ob Tschiangs
Truppen sie behinderten oder nicht, den Kampf gegen die Japaner aufnehmen. Sobald die Kuomintang bereit sei, mit den
Kommunisten gemeinsam den äußeren Feind zu bekämpfen,
werde sie in der 1. Frontarmee und auch in den anderen kommunistischen Verbänden ehrliche Verbündete finden.

Die 1. Frontarmee ruhte in und um Tsunji zwei Wochen von
den Strapazen auf der ersten Etappe ihres Marsches aus.
Maos Pläne fanden Zustimmung. Es gab einige tausend junge
Leute, die um Aufnahme in die Armee baten. Mit ihnen wur-

de ein weiterer Teil der Verluste ausgeglichen, die die Truppe auf dem Weg hierher erlitten hatte.

Ein »stiller Beobachter« der Kuomintang, der den Aufbruch verfolgte, berichtete seinen Vorgesetzten, daß 30 000 Mann südwärts marschierten. Er erwähnte auch, offensichtlich sei es Mao Tse-tung gelungen, uneingeschränkte Autorität zu erlangen. Und er schrieb: »Beim Abmarsch dieser ›Armee‹ gab es noch eine Kuriosität, nämlich ein neues Lied: ›Wir ziehen nach dem Norden, gegen die räuberischen Japaner ...‹.

Tatsächlich marschierten sie südwärts.«

ÜBER DEN GOLDSANDFLUSS

Tschiang Kai-shek hielt sich in Tschungking auf. Hoch über dem Yangtsekiang residierte er, und seine Begleiter achteten peinlich darauf, daß sein genauer Aufenthaltsort geheim blieb.

Der »Chef«, so hieß es bei seinen Aufpassern hinter vorgehaltener Hand, habe nicht nur Angst vor kommunistischen Anschlägen, er müsse auch zu seiner Bestürzung immer wieder feststellen, daß sich die Generäle der lokalen Truppenverbände seinem Oberbefehl nur widerstrebend unterordneten. Nicht selten ignorierten sie ihn glatt.

Die Bekämpfung der Kommunisten war für viele von ihnen ein notwendiges Übel, eine unangenehme Pflicht sozusagen, der sie ziemlich lasch nachkamen. Wo es möglich war, schonten sie ihre Soldaten, indem sie Zusammenstöße mit den Kommunisten vermieden.

Gerade die Szetchuaner Militärs bereiteten Tschiang Kai-shek in dieser Hinsicht Sorgen. Mit Mühe nur hatte er im vergangenen Jahr durchsetzen können, daß die lokalen Kommandeure, in der Regel die oberste Instanz für den Einsatz der Provinztruppen Szetchuans, eine Anzahl Berater akzeptierten, die ihm direkt unterstanden. Aber auch das war nur möglich gewesen, weil Tschiang die Einsetzung der Berater mit einer großzügigen Finanzspritze kombinierte. Ohne diese bekam er stets nur zu hören: »Warum die eigenen Kräfte gegen diese durchs Land fliehenden Kommunisten verschleißen? Die Roten sollen laufen, wohin sie wollen, Hauptsache, sie setzen sich nicht in unserem Gebiet fest.«

Wo immer diese Auffassung auftauchte, pflegte Tschiang Kai-shek sie zwar wütend zu bekämpfen, ausrotten konnte er sie nicht.

Auch jetzt, Anfang des Jahres 1935 rang er in Tschungking mit diesem Problem. Er hielt im Rundfunk eine feurige Rede:

»Das Schicksal der gesamten Nation hängt davon ab, ob es uns gelingt, die rote Pest, die abgerissenen, verlausten Horden der kommunistischen Marodeure südlich des Yangtse einzuschließen und endgültig zu vernichten! Es darf ihnen nicht gelingen, den Fluß nordwärts zu überschreiten. Sie würden Mord und Brand in unsere Zentralprovinzen bringen.«

Die junge Tonassistentin mußte wiederholt die Lautstärke zurückfahren. Tschiang Kai-shek hatte eine helle, schneidende Stimme, und wenn er sich erregte, klang sie keifend schrill.

Der Redakteur, der sich später die Aufnahme anhörte, enthielt sich eines Kommentars. Als die flammende Ansprache gesendet wurde, war der General bereits wieder in seiner Tschungkinger Residenz, einem weiß getünchten Haus über dem Fluß, und konferierte mit seinem Vertrauten, dem General Ho Kuo-guang, dem es oblag, als Berater die Kampfmoral der lokalen Truppen zu heben und sie taktisch klug gegen die Kommunisten Mao Tse-tungs einzusetzen, die von Süden her in mehreren Marschsäulen heranzogen auf Tschungking zu.

Ho glaubte nicht, daß sie auf die Stadt zielten, das wäre für sie ein zu großer Bissen, meinte er. Die Kommunisten seien trickreich, wer weiß, wohin sie schon in ein paar Tagen schwenkten! Aber er war immerhin sicher: »Sie wollen über den Yangtse, da gibt es keinen Zweifel.«

Das deckte sich mit Informationen, die Tschiang Kai-shek seit langem hatte. Danach gab es bei den Kommunisten seit ihrem Aufenthalt in Tsunji den Beschluß, in den Norden Szetchuans zu ziehen und sich dort mit den Verbänden von Tschang Kuo-tao zu vereinen, der ein Territorium beherrschte, das er »Befreites Gebiet« nannte.

Inzwischen allerdings hatten Kuomintangtruppen aus Shensi den Rebellen Tschang Kuo-tao erfolgreich angegriffen und drängten ihn nach Westen ab. Man setzte nicht nach, um diese Kräfte endgültig zu zerschlagen. Das war zu riskant. Dort im Westen, wohin Tschang Kuo-tao sich nun in Sicherheit brachte, lagen nicht nur die himmelhohen Berge, in denen sich die Rebellen verlieren würden, hungrig und frierend. In den unwirtlichen Provinzen Sikang und Tjinghai lebten auch nationale Minderheiten, die es sich zur Ehre anrechneten, jedem Chinesen, den sie auf ihrem Gebiet antrafen, das Dasein schwer zu machen – »Rote« oder Kuomintang! So gruppierte Tschiang Kai-shek im Januar mehrere Divisionen am Yangtse, bei Tschungking und erließ besondere Anweisungen für den Fährverkehr. Doch die Marschsäulen der aus Tsunji kommenden Verbände gaben dem Chef der Kuomintang ein Rätsel nach dem anderen auf. Und je mehr Zeit verging, desto schwieriger wurden diese Rätsel.

Die kommunistischen Truppen schienen nach einer Weile nicht mehr direkt auf den Yangtse zu marschieren. Sie teilten sich in viele einzelne Gruppen, die kreuz und quer durch das Land zogen, bald nordwärts, dann nach Westen, nach Osten – sie setzten hier über den Wukiang, dort eroberten sie eine Bergkette, oder sie stürmten den Lushan-Paß. Es ließ sich beim besten Willen kein System mehr in ihrem Vorgehen erkennen.

Darüber verging der Februar. Plötzlich, nachdem das Gros der »roten« Truppen erneut in und um Tsunji gestanden hatte, brachen Teile davon südwärts auf.

Diesmal beriet Tschiang Kai-shek mit Generälen der lokalen Kuomintangtruppen der Provinz Kueitschou. Er war angesichts der Gefahr für die reiche Südprovinz in deren Hauptstadt Kueijang geflogen. Und nun berichteten Späher und Beobachtungsflieger, das Gros der Roten habe erneut den Wukiang südwärts überschritten und ziehe auf Kueijang.

Sogleich setzte Tschiang Kai-shek über Funk die Befehlshaber in der südwestlichen Nachbarprovinz Jünnan unter Druck, Truppen zur Unterstützung nach Kueijang in Marsch zu setzen.

Als das nicht sogleich klappte, bestieg Tschiang Kai-shek ein Verbindungsflugzeug und flog nach Kunming, der Hauptstadt Jünnans, um Ordnung zu schaffen, wie er sagte. Er nahm seine Frau mit, eine resolute Dame, die ihn meist begleitete. Sie nahm überhaupt an seiner Politik nicht nur Anteil, sondern beeinflußte ihn sehr geschickt. Manch einer behauptete sogar, in Wirklichkeit mache sie die Politik, für die ihr Mann stehe.

In Kunming sagte man Tschiang nicht nur Truppen für die Unterstützung Kueijangs zu, ihm wurde sogar versichert, sie seien bereits unterwegs. Aber noch bevor sie auch nur einen Teil des Weges durch das Gebirge zurückgelegt hatten, stellte sich die Lage für Tschiang Kai-shek schon wieder völlig anders dar.

Plötzlich berichteten die Aufklärer, ein nicht unbeträchtliches Kontingent roter Truppen sei an Kueijang vorbei weiter südwestwärts vorgestoßen, ohne sich mit der Stadt aufzuhalten, und bewege sich im Eilmarsch auf Kunming.

Was der Hauptstadt Jünnans drohen konnte, die durch den Abzug von Kräften für Kueijang nur noch schwachen Schutz besaß, wagten sich weder Tschiang Kai-shek noch die örtlichen Beamten vorzustellen. Unverzüglich wurden die Truppen nach Kunming zurückbeordert. Aber die lokalen Chefs

104

Madame Tschiang Kai-shek hier mit dem Generalissimus, Tochter aus einer der reichsten Familien Chinas, nahm erheblichen Einfluß auf die politischen Entscheidungen ihres Mannes. Eine ihrer Schwestern war die Gattin Sun Yat-sens.

trauten dem Frieden nicht. Über Nacht packten die wichtigsten Provinzdienststellen ihre Akten ein, die Beamten nahmen ihre Koffer, und eine schwer zu bremsende Flucht nach Süden begann. Meist über die hier beginnende Indochina-Bahn, die nach dem Nachbarland Vietnam führte. Die französische Kolonie würde wohl in der Lage sein, Schutz gegen Mao Tse-tungs Rebellen zu bieten.

Selbst Tschiang Kai-shek gab dem Drängen seiner Frau nach, und die beiden bestiegen die Indochina-Bahn.

Lin Piao, der den Verwirrung stiftenden Vorstoß auf Kunming anführte, war über die Lage in der Stadt einigermaßen

Lin Piao
(1907 – 1971)
war einer der bewährten revolutionären chinesischen Heerführer. Nach Gründung der Volksrepublik füllte er verschiedene politische Funktionen aus (u.a. auch die des Verteidigungsministers). Während der sogenannten Kulturrevolution, als der Kult um Mao Tse-tung schizophrene Dimensionen erreichte, wurde er offiziell als ›engster Kampfgefährte und designierter Nachfolger des Großen Steuermanns‹ vorgestellt. Doch es kamen bald Gerüchte auf, er wolle Mao Tse-tung entmachten und sich noch zu dessen Lebzeiten an die Spitze Chinas setzen. Auch hieß es, er sei mit der aggressiven Politik, die Mao Tse-tung gegen die Sowjetunion betrieb, nicht einverstanden. 1971 stürzte er in der Mongolei mit einem Flugzeug ab, das ihn auf eigenen Wunsch nach Moskau bringen sollte.

informiert. Einen Tagesmarsch vor ihren Toren ließ er seine Truppen halten.

Die Soldaten brauchten ohnehin nach den wochenlangen Eilmärschen eine Ruhepause, auch wenn sie durch gegnerische Bombenangriffe gestört wurde.

Als er aus einem Kurzschlaf geweckt wurde, den er unter einer Bananenstaude hielt, brauchte Lin Piao eine Weile, um sich zurechtzufinden.

Der General war ein durchtrainierter Mann, aber die Märsche hatten auch von ihm ihren Tribut gefordert, zumal Lin Piao aus der Jugendzeit eine nicht sonderlich gut auskurierte Tuberkulose mit sich herumschleppte.

Ein Kundschafter berichtete, auf der Landstraße, die die Rebellen wegen der feindlichen Flugzeuge nicht benutzten, bewege sich eine Kolonne der Kuomintang.

»Lastwagen im Schrittempo und eigenartig gekleidete Gestalten«, lautete die Meldung.

Für Lin Piaos Soldaten, die schon seit Tagen von Wasser und Gras lebten, willkommene Chance, Beute zu machen. Lin Piao liebte das Beutemachen nicht so sehr. Weniger weil er in Eigentumsdingen anders dachte als die übrigen Kommandeure, die skrupellos zugriffen, wo immer sie Grundbesitzer und Großkaufleute schröpfen konnten, und die sich lediglich zurückhielten, wenn es sich um Eigentum einfacher Bauern handelte – nein, Lin Piao fürchtete den Zeitverlust.

Also wollte er gerade befehlen, die Kolonne in Ruhe ziehen zu lassen, als ein anderer Melder die Nachricht überbrachte, es handle sich bei der Ladung der Lastwagen um Medikamente und leichte Waffen samt Munition. Man habe die Kolonne bereits gestoppt. Nun war Lin Piao in Zugzwang. Die Stabsoffiziere konnten ihm ansehen, daß er wütend war. Aber er beherrschte sich und befahl die Verteilung der Medikamente auf die einzelnen Truppenteile. Dann ließ er das Pferd holen, das seine Männer am Vormittag bei einem Grundbesitzer requiriert hatten. Er stieg in den Sattel und ritt mit einer hastig zusammengestellten Eskorte nordwärts. Gegen Morgen erreichte er das kleine Dorf, in dem Mao Tsetung mit seinem Stab Quartier genommen hatte.

Am Dorfrand gab es frische Gräber. Mao Tse-tung hatte wieder zu einem seiner Mittel gegriffen, die er als einzig wirksame Propaganda bezeichnete: Er ließ beim einfachen Volk verhaßte Grundbesitzer, Beamte und Kuomintang-Funktionäre hinrichten und ihren Besitz unter die Armen verteilen. Lin Piao fand, es gäbe wichtigere Dinge für eine abgerissene, müde Armee als die Demonstration dieser sozialen Gerechtigkeit. Aber er vermied es, Bemerkungen darüber zu machen, dies war das Werk von Politikern, und er war Soldat.

Deshalb beschränkte er sich Mao Tse-tung gegenüber auf die militärischen Probleme, die seiner Meinung nach eine Lösung verlangten. Nachdem er mit Mao zusammen ein schnell zubereitetes Bohnengericht gelöffelt hatte und die Karten ausgebreitet waren, erklärte er dem Vorsitzenden des Militärrates: »Es wird Zeit, den Yangtse zu überqueren. In ein paar Tagen haben wir den Gegner auf den Fersen, und unsere Leute können das Tempo nicht mehr lange durchhalten.«

Mao ließ ihn seine Sorgen aussprechen. Schließlich nickte er verständnisvoll und klopfte ihm dabei leicht auf die Schulter, eine Geste, die persönliches Vertrauen herstellte.

»Wir werden mit dem Gelaufe durch die Südprovinzen Schluß machen«, kam er Lin Piao entgegen. »Alles haben sie im Januar in Tschungking erwartet, nur nicht diesen Kreuz-und-Quer-Feldzug. Sie rätseln immer noch darüber, wo letztendlich die Gemeinheit herauskommen könnte. Gut, das beschäftigt sie. Sie bauen Stellungen bei Tschungking. Als ob wir dort über den Fluß setzen würden!«

Er lachte behäbig, zog Zigaretten aus der Jackentasche, hielt Lin Piao eine hin, und als sie die ersten Züge gemacht hatten, fuhr er fort: »Ich weiß, wie müde deine Leute sind. Ich weiß auch, daß wir wieder fast ein Drittel unserer Kämpfer verloren haben. Nur – sei gewiß, wir haben das gesamte Konzept der Kuomintang zunichte gemacht. Sie sind ratlos. Werfen Truppen von einer Ecke zur anderen. Genau das woll-

Mao Tse-tung spricht zu Teilnehmern während des
Langen Marsches 1934/35.

te ich erreichen. Denn in diesem Durcheinander werden wir
das tun, woran sie uns unbedingt hindern wollten – den
Yangtse überqueren!«

Er zeigte Lin Piao auf der Karte eine Stelle, wo der legen-
däre Fluß, der hier noch »Goldsand-Fluß« hieß, scharf nach
Nordost abbog.

»Hier! Unsere Späher haben die Gegend erkundet. Es gibt
drei Übersetzstellen, die wir nutzen können: Lungtschieh,
Hungmen und Tschiaotsche. Seit heute früh marschieren Vor-
auseinheiten auf diese drei Orte zu. Sie liegen nicht weit auseinander. Und es gibt nur ein paar lächerliche Wachen der
Kuomintang auf dem Nordufer!«

Lin Piao besah sich die Karte. Auch er hatte Späher ausge-

Mao Tse-tung mit Lin Piao (rechts), der während des Langen Marsches zum bewährten Heerführer wurde und viele taktisch-kluge Entscheidungen traf, die offiziell Mao-Tse-tung zugeschrieben wurden, um dessen Ansehen zu heben.

schickt und wußte einiges über diese drei Orte. Darum erklärte er dem Vorsitzenden: »Lungtschieh und Hungmen können wir aus der Liste streichen. Dort haben Tschiangs Soldaten seinen Befehl gewissenhaft ausgeführt und die Boote nicht nur auf das Nordufer zurückgezogen, sondern auch verbrannt.«

»Sie haben tatsächlich die Boote verbrannt?« Mao Tsetung wollte es nicht glauben, aber Lin Piao wiederholte: »Verbrannt, ja. Es waren wohl hohe Offiziere zugegen, und da wollte man sich keinen Tadel einhandeln. Aber ich habe noch eine andere Meldung bekommen.«

Er deutete auf der Karte auf die Fährstelle Tschouping: »Hier. Auf dem Nordufer steht etwa ein Zug Kuomintangtruppen als Wache in einem alten Fort. In der Stadt ein paar Gendarmen. Mehr nicht. Mindestens ein halbes Dutzend

Fährboote, dazu einige kleinere Fahrzeuge. Sie haben sie zwar auf das Nordufer zurückgenommen, aber nicht verbrannt. Sparsame Leute. Fährboote sind nicht leicht zu ersetzen. Sie fühlen sich offenbar sicher. Also ...«

Er sah Mao erwartungsvoll an. Beide kannten sich lange genug, um dem anderen zu vertrauen. Nachdem Mao lange die Karte betrachtet hatte, sagte er: »Gute Chance. Wir nutzen sie, denke ich. Wer kann zuerst dort sein?«

Lin Piao zuckte die Schultern. »Meine Truppe ist noch zu weit entfernt. Der große Bogen, den wir bis Kunming schlagen mußten.«

Mao nickte. »Natürlich.« Er suchte in einem Stapel Meldungen, bis er eine fand, die er genauer las. Als er aufblickte, sagte er: »Die mittlere unserer drei Marschkolonnen. Erste Armeegruppe. An der Spitze das 2. Bataillon.« Er rief nach Tschen Tschang-feng, seinem Sekretär, und trug ihm auf: »Zum Funker! Das 2. Bataillon, Mittelkolonne, soll sich in genügendem Abstand von Tschouping unsichtbar machen. Patrouille zusammenstellen für einen nächtlichen Handstreich. Und warten. Befehl wird von Kurier überbracht.«

An Lin Piao gewandt erkundigte er sich: »Wie lange braucht deine Einheit?«

»Bis Tschouping mindestens zwei Tage und Nächte. Und sie wird sehr müde ankommen.«

»Verständlich«, befand Mao. Über sein Gesicht huschte ein Schmunzeln, als er dem Kommandeur verriet: »Ich organisiere noch eine zusätzliche Täuschung für Tschiangs akademische Strategen. Vor Lengkai, das ist weit abseits von Tschouping, lasse ich einen Trupp der linken Marschkolonne Bambus schlagen und zum Fluß schleppen. Muß wie die Vorbereitung zu einem Brückenschlag aussehen. Wenn ich die Herren Offiziere von Tschiang recht kenne, werden sie sofort alle verfügbaren Truppen dorthin jagen!«

Er kannte sie wirklich recht gut. Prompt wurde der »Versuch, eine Brücke zu schlagen« Tschiang von seinen Fliegern gemeldet; zusammen mit der Beobachtung, die roten Einheiten drängelten sich am Ufer des Goldsand-Flusses und fänden keinen Übergang.

Tschiang schloß daraus, daß Mao den Fluß dort überqueren wollte, wo seine Soldaten den Bambus schlugen. Er fiel auf Maos Täuschung herein, und das nicht zum ersten Mal.

Sofort beorderte er alle verfügbaren Kräfte nach Lengkai, bekam allerdings von seinen hin und her gehetzten Kommandeuren die Auskunft, es würde mindestens eine Woche dauern, bis man über das Wumung-Gebirge hinweg in die Nähe des Goldsand-Flusses käme.

Tschiang beunruhigte das nicht sonderlich, er hatte sich ausgerechnet, die Kommunisten würden bei Lengkai mindestens einen Monat benötigen, den Übergang zu bauen.

Als Hauptmann Hsiao zum Kommandeur gerufen wurde, hielt die Vorhut der mittleren Marschgruppe noch etwa dreißig Kilometer vom Goldsand-Fluß entfernt am Rande einer Aprikosenplantage. Es gab da ein kleines Dorf, dessen Bewohner die Plantage bewirtschafteten. Auf den Reisfeldern in der weiteren Umgebung waren um diese Zeit, im April, die Reispflänzchen schon zwei Handbreit hoch, und die Aprikosenbäume zeigten üppigen Fruchtansatz. Die Natur schien jedermann zeigen zu wollen, daß sie sich von Kriegshandlungen nicht nennenswert beeindrucken ließ, denn es herrschte an diesem warmen, sonnigen Tag die schönste Frühlingsstimmung.

Hsiaos Einheit hatte die Aufgabe, die Führung der Kommunistischen Partei zu schützen. Die Männer dienten meist seit dem Beginn der dreißiger Jahre, und auf sie war in jeder Situation Verlaß.

Tschou En-lai, seit Tsunji stellvertretender Vorsitzender

112

des Militärrates, begrüßte Hsiao wie einen alten Freund. In der Tat kannten sie sich seit vielen Jahren, und so fiel die Einweisung in die Spezialaufgabe auch beinahe wie ein freundschaftliches Gespräch aus. Nach einer gemeinsamen Zigarette meldete sich Hsiao, um die Wahrung militärischer Formen in gewissen Grenzen bemüht, ab.

Zuerst ließ er sich von den Trägern zeigen, was sie noch an erbeuteten Kuomintang-Uniformen in Vorrat hatten. Es fand sich genug, um ein Dutzend Männer einzukleiden. Auch erbeutete Pistolen waren vorhanden, sogar einige von den Amerikanern an Tschiang Kai-shek gelieferte Thompson-Maschinenpistolen, deren Munitionsvorrat allerdings knapp war. »Aber die Dinger täuschen jeden!«, meinte Hsiao. Und er sollte recht behalten.

Als es Abend wurde, trugen von Hsiaos 5. Kompanie zehn Männer gegnerische Uniformen. Nach einem kurzen Marsch stand die Kompanie am felsigen Ufer des Goldsand-Flusses, das auf dieser Seite nicht besetzt war.

Drüben, am anderen Ufer lag der Ort Tschouping und in Ufernähe das alte Fort, in dem die kleine Garnison einquartiert war, die den Übergang bewachen sollte.

Hsiao konnte die Fährboote liegen sehen. Da man hier keinen Angriff befürchtete, hatte man Tschiang Kai-sheks Befehl ignoriert und die Boote nicht zerstört. Für einen Ort wie Tschouping bedeutete die Neuanschaffung der großen, flachen Wasserfahrzeuge eine immense Geldausgabe, und Geld war knapp.

Die Angreifer warteten bis eine Stunde vor Mitternacht. Dann traten die aus der Deckung heraus ins Mondlicht am Ufer, die eine Kuomintang-Uniform trugen. Sie gaben sich ganz unbefangen, und ihr Anführer, ein kampferfahrener Unteroffizier legte die Hände am Mund zum Trichter zusammen

Maschinengewehrgruppe der 1. Frontarmee
während des Langen Marsches.

Kämpfer ohne Gewehre. Solange sie vom Gegner keine Feuerwaffen er-
beuten konnten, schlugen sich Freiwillige, die während des Langen
Marsches zu den revolutionären Truppen stießen, meist mit Knüppeln
und Äxten. Hier werden sie einem ersten Training unterzogen.

114

und rief dem Posten auf der anderen Seite zu: »He, Leute, wir sind der Voraustrupp! Holt uns schon mal rüber!«

Der Fluß war hier knapp dreihundert Meter breit. Im Mondlicht war am anderen Ufer zunächst keine Bewegung zu erkennen, aber dann stand dort schließlich doch ein Soldat und rief: »Ihr seid spät! Gleich kommen wir!«

Hsiao und seine Männer hatten nicht gewußt, daß am späten Abend tatsächlich vom Norduffer her ein Aufklärungstrupp der kleinen Besatzung der Stadt Tschouping herübergerudert worden war, der sich immer noch auf Patrouille südlich des Flusses befand. Jetzt glaubte man dort drüben, daß eben jene Kameraden zurück waren. Ein Zufall, der den Angreifern zu Hilfe kam. Viel später erst stellte sich heraus, daß die Kuomintang-Patrouille aus Tschouping etwa zehn Kilometer südlich des Flusses von roten Truppen aufgespürt worden war. Nach einem kurzen Feuergefecht hatte es keine Überlebenden gegeben.

»Sie kommen tatsächlich!«, sagte neben Hsiao ein jüngerer Soldat.

»Zieh deine amerikanische MPi vor die Brust und geh voran zum Ufer«, befahl ihm Hsiao.

An der Anlegestelle machten zwei kleine Ruderboote fest. Hsiao überschlug schnell, ob sie für seine Männer ausreichen würden. Ehe die zivilen Bootsführer begriffen, was geschah, waren sie schon von den Soldaten in den Kuomintang-Uniformen überrumpelt. »Ihr gebt keinen Mucks von euch, oder ihr seid tot. Wir sind die Rote Armee, und wir setzen jetzt über!«

Verängstigt schwiegen die Fährleute und sahen zu, wie die Soldaten in ihre Boote stiegen. Hsiao beruhigte sie, indem er ihnen versprach: »Es geschieht euch nichts – nur still müßt ihr bleiben! Wo sind die Soldaten? In der Stadt?«

Die Bootsführer berichteten, in Tschouping gäbe es eine Zollstation, wie an Provinzgrenzen üblich. Dort hätten zwei

Dutzend Gendarmen Quartier bezogen. Außerdem sei ein Zug regulärer Kuomintangtruppen am Nordufer, aber nur wenige hielten gegenwärtig die Uferstellungen besetzt, die meisten schliefen in dem Steinbau auf der Mole, den man aus alter Tradition »das Fort« nannte.

Hsiao teilte seine Männer in zwei Gruppen, als die Boote am Nordufer anlangten. Die eine strebte der Stadt zu, wo das Zollamt lag, die andere führte er ostwärts, wo nach der Beschreibung der Fährleute Stellungen und Unterkunft der regulären Truppen liegen mußten.

Er fand sie nach wenigen Minuten. Aus einem MG-Nest rief ihm einer zu: »Ihr seid aber lange drüben gewesen!«

Hsiao überlegte nicht lange, sprang in das Loch und hielt dem Schützen seine Pistole an die Schläfe: »Ganz still!«

Einer seiner Männer schulterte das MG und lief damit auf die Unterkunft zu. Dort, im »Fort« war inzwischen der Teufel los.

Die gegnerischen Soldaten hatten bereits geschlafen. Ihre Waffen lehnten an den Wänden. Hsiaos Männer sammelten sie ein. Hier und da hoben sie ein Geschirr mit Essen auf und kosteten. Zigaretten verschwanden in ihren Taschen, auch Messer. Uniformhemden wurden mitgenommen, Schuhe anprobiert. Neben dem Schlafraum war ein Saal, in dem die überrumpelten Kuomintangsoldaten eingesperrt wurden, nachdem man sie sorgfältig durchsucht hatte. Den meisten blieb nur ihre Unterwäsche und eine Schlafdecke für die Nacht.

Hsiao erklärte ihnen: »Ihr seid Gefangene. Wer sich widersetzt, wird erschossen.«

Weiter ostwärts am Fluß fielen Schüsse. Eine Handgranate detonierte. Hsiao lief am Ufer entlang, aber als er die Stelle erreichte, wo die Schüsse gefallen waren, sah er, daß das Gefecht bereits entschieden war. In den Erdlöchern lagen einige tote Kuomintangsoldaten. Waffen wurden zusammengetragen. Für Hsiao war es Zeit, den Wartenden am Südufer das vereinbarte Zeichen zu geben.

Minuten später brannte an der Anlegestelle der Fähren ein kleines Feuer. Fährleute waren von den Soldaten aus dem Schlaf geholt worden. Sie machten die angeketteten Boote los, und im blassen Mondlicht überquerten sie den Fluß.

Am Südufer hatte sich bereits der Rest des 2. Bataillons versammelt. Er wurde zuerst übergesetzt. In der Zollstation hatte sich inzwischen die Überrumpelung der Gendarmen ähnlich abgespielt wie in der Soldatenunterkunft. Die Gendarmen waren keine Helden, sie hoben die Hände, als sie plötzlich in die Mündungen von Waffen blickten. Dabei mußten sie damit rechnen, spätestens am nächsten Morgen getötet zu werden. In diesem Lande hatte man zwar zuweilen Mitleid mit Soldaten, weil das meist in die Armee gepreßte Bauernsöhne waren – Gendarmen hingegen waren Handlanger der lokalen Machthaber, Eintreiber von Steuern, sie prügelten die Menschen erbarmungslos, und sie konnten, wenn sie dem Gegner in die Hände fielen, nicht auf Gnade rechnen. Wo immer die roten Truppen auftauchten – Gendarmen hatten die Begegnung mit ihnen nur selten überlebt.

Hsiao ließ sie vorerst in Gewahrsam nehmen. Mit dem Gros der Truppen würden höhere Offiziere kommen, die über die Gefangenen verfügten. Auf ihn und seine Männer warteten andere Aufgaben.

Hinter der Stadt, in der sich die Bewohner nicht zeigten, wie das bei nächtlichen Schießereien üblich war, stieg das Gelände an. Die höchste Erhebung war die Spitze eines Hügels, der die Gegend beherrschte. Ein Melder hatte Hsiao den Befehl überbracht, ihn zu stürmen. Es gab vorerst, so berichteten die Kundschafter, nur wenige gegnerische Soldaten dort. Sollten es mehr werden, konnten sie aus ihrer Position den inzwischen angelaufenen Fährbetrieb empfindlich stören. Also trieb Hsiao seine Soldaten an: »Los, Männer, noch dürfen wir nicht schlafen!«

Durch dorniges Gestrüpp und über glattes Gestein kletterten sie aufwärts, wütend, denn andere Einheiten, die von den Fähren in die Stadt einsickerten, hielten dort schon gefüllte Reisschalen in der Hand, tranken Tee.

Den Zorn über diese Benachteiligung bekamen die gegnerischen Soldaten in ihren hastig gegrabenen Stellungen zu spüren. Hsiaos Soldaten stürzten sich, noch keuchend vom Anstieg, wie die Teufel aus der Sage auf sie. Bajonette blitzten, Schüsse zerrissen die nächtliche Stille, die Schreie der Sterbenden waren weithin zu hören. Nach wenigen Minuten war alles vorbei. Die Stellungen wurden besetzt, die Toten verscharrt. Was es an Eßbarem in der Stellung gab, wurde verschlungen. Schuhe von Toten wurden anprobiert, Revolver in die Gürtel gesteckt. Auf dem Nordhang des Hügels gab es vereinzelt noch gegnerische Soldaten, aber sie konnten sich nicht mehr zu einem organisierten Angriff aufraffen. Nach und nach zogen sie sich im Schutze der Nacht nach Norden zurück. Hsiaos Männer hatten mit ihrem erbarmungslosen Vorgehen ihre Moral gebrochen.

An der Übersetzstelle herrschte neun Tage und Nächte ein emsiges Treiben. Nach und nach erreichten die Verbände der drei Marschsäulen den Goldsand-Fluß. Mit den sieben Fähren wurden insgesamt etwa 50 000 Soldaten übergesetzt. Als der letzte Kämpfer den Fluß überquert hatte, verbrannte die Nachhut die Boote.

Auf diese Weise mußten die schließlich heranrückenden Kuomintangkräfte auf dem Südufer tatenlos zusehen, wie ihre Gegner in Tschouping die Munitionslager ausräumten und auf requirierten Eseln Lebensmittel, Waffen und Gerät abtransportierten.

Tschiang Kai-shek sah ein, daß er die Partie verloren hatte. In der Öffentlichkeit gestand er jedoch nie einen Mißerfolg ein. Als erstes flog er nach Tschungking und veranlaßte in der Führung seiner Luftstreitkräfte einschneidende Personalveränderungen. Es war nicht nur ihm ein Rätsel, weshalb seine Flieger es nicht fertiggebracht hatten, das mehrere Tage andauernde Übersetzen aus der Luft zu einem Desaster für die Kommunisten zu machen.

Immerhin verbreitete sich von Tschungking aus, ohne daß der General das verhindern konnte, der Schreckensruf: »Die Roten sind in Szetchuan!«

Die Soldaten, die inzwischen durch dicht bewaldetes Hochland nordwärts nach Sikang zogen, um sich im entlegensten Nordwestzipfel Szetchuans mit Tschang Kuo-taos 4. Armeekorps zu vereinen, waren müde und erschöpft. Sie nutzten die guten Deckungsmöglichkeiten und marschierten Tag und Nacht. Tschiangs Fliegerkräfte waren nicht in der Lage, entscheidend einzugreifen. Und die Bodentruppen der Kuomintang waren vorerst noch weit zurück. Doch da tauchte – für viele Kommandeure unerwartet – ein anderes Hindernis auf dem Weg der 1. Roten Frontarmee auf. Von den Soldaten hatte ohnehin kaum einer damit gerechnet, denn die meisten waren recht ungebildet. Und man mußte schon einige Kenntnisse in der Völkerkunde haben, um zu wissen, daß in diesem Hochland ein Volksstamm wohnte, der seit Jahrhunderten von der Zivilisation so gut wie abgeschlossen war und sich Fremden gegenüber äußerst ablehnend verhielt.

Besonders mit den immer wieder aus dem Osten in ihr Gebiet vordringenden Chinesen hatten diese eher mit den Tibetern verwandten Yi, die man auch Lolos nannte, schlimme Erfahrungen gemacht.

Kuomintangtruppen wagten sich nur ungern in dieses Gebiet. Die Lebensbedingungen waren hier so rückständig, wie man es selbst im übrigen China nicht mehr kannte. Zudem bestand jederzeit die Gefahr, überfallen oder aus dem Hinterhalt heraus getötet zu werden.

Die 1. Frontarmee wurde schon am ersten Tag im Hochland hinter dem Goldsand-Fluß auf Leute aufmerksam, die sie aus geziemender Entfernung argwöhnisch beobachteten und bei Annäherung verschwanden. Sie trugen, soweit man das erkennen konnte, primitive Flinten, meist aber nur Speere, Haumesser und Schlagstöcke.

Mao Tse-tung war auf die nationale Minderheit der Lolo aufmerksam gemacht worden, und es war Tschou En-lai gelungen, einen Chinesen aufzutreiben, der ihre Sprache einigermaßen beherrschte. Der Mann wurde nun an die Spitze der Marschverbände geschickt, und er kam gerade noch rechtzeitig, um größeres Unheil zu verhindern.

Mit ihm erreichte Liu Po-tscheng das kleine Dorf, in dem eine Kolonne plötzlich bewaffneten Lolos gegenüberstand, die ihr den Weg durch ihr Gebiet verweigerten.

Auch ihr Häuptling war anwesend. Der alte Mann saß auf einem Maultier, und so war es gut, daß Liu Po-tscheng auf einem Pferd saß, denn das Tier machte ihn gleichrangig.

Es war ein groteskes Bild: der dürre, in Fetzen gehüllte alte Mann auf dem Maultier, ein uraltes Schrotgewehr im Schoß, und ihm gegenüber der drahtige General auf dem schmucken Pferd, das noch vor kurzem im Stall eines betuchten Kaufmanns in Tschouping bessere Tage gesehen hatte.

Liu Po-tscheng ließ sich von einem Soldaten ein Beutegewehr geben und reichte es dem Häuptling. Dann stieg er vom Pferd und vollführte einen Kniefall.

Der Erfolg war verblüffend. Der Häuptling rutschte vorsichtig von seinem Maultier und zelebrierte ebenfalls einen Kniefall, dessen Eleganz etwas darunter litt, daß ihn die Arthritis plagte. Danach hockte er sich auf die Erde und war bereit, »mit dem roten Häuptling« zu sprechen. Der Dolmetscher übersetzte mit sichtlichem Vergnügen. Und Liu Po-tscheng atmete auf – ein erster Fortschritt!

Nach einer Weile bedeutete der Stammesführer den immer noch drohend herumstehenden Bewohnern des Dorfes, sich zu zerstreuen. Es trat Ruhe ein. Liu Po-tscheng, der wußte, daß der Weitermarsch sich hier entschied, setzte sich dem Häuptling gegenüber und bot ihm eine Zigarette an. Als die beiden Männer rauchten, hockte sich der Dolmetscher zu ihnen, und das Palaver begann.

Es war ein regelrechter Handel, der da vollzogen wurde. Zuerst versuchte es Liu Po-tscheng damit, daß er dem Lolo die Nationalitätenpolitik der Kommunisten erläuterte. Alle Minderheiten sollten ebensolche Rechte haben wie die Han, die ethnische Mehrheit im Lande. Der Häuptling hörte gelangweilt, aber höflich zu. Liu Po-tscheng setzte ihm auseinander, weshalb die Kommunisten Feinde der Kuomintang seien und von ihnen verfolgt würden. Der Häuptling bemerkte dazu nur gleichmütig, das Volk der Lolos werde schon sehr lange von den »Offiziellen« verfolgt und bekämpfe sie daher.

Nach einer Stunde, in der die verschiedensten Ansichten ausgetauscht worden waren, kam der Häuptling zur Sache, als Liu Po-tscheng offiziell bat, mit seinen Truppen durch das Gebiet der Lolos nordwärts marschieren zu dürfen.

»Wir müssen ein Bündnis schließen«, machte der Häuptling zur Bedingung.

»Dann schließen wir eins!« Liu Po-tscheng war bereit dazu.

Der Häuptling sah, daß der Fremde eine Uhr am Handgelenk trug. Er deutete darauf und sagte: »Bündnis kostet.«

Schließlich bekam er nicht nur Liu Po-tschengs Uhr, die dieser einem gefallenen Kuomintangoffizier abgenommen hatte, sondern auch einen Revolver und ein schmuckes Jagdgewehr, das aus dem Waffenschrank desselben Kaufmanns in Tschouping stammte, dem auch das Pferd gehört hatte. Als der Häuptling danach immer noch unentschlossen war, rief Liu Po-tscheng seinen Offizieren zu: »Zwanzig Beutegewehre und zwanzig Revolver, los!«

Nach diesem Geschenk hellte sich das Gesicht des Häuptlings auf, und mit einem Blick auf die Waffen entschied er: »Bündnis am heiligen See!«

Dieser heilige See erwies sich als ein ziemlich trübes Wasser, aber am Abend nahm man das nicht mehr so recht wahr. Der Dolmetscher hatte Liu Po-tscheng, der vom Häuptling für den obersten Befehlshaber der fremden Soldaten gehalten wurde, erklärt, wie eine solche Bündniszeremonie aussah.

Liu Po-tscheng verdrehte die Augen, aber er war bereit, selbst eine Kröte roh zu essen, wenn die Armee nur ungehindert durch das Lolo-Gebiet marschieren konnte.

Es erwies sich dann nicht als eine Kröte, aber immerhin hatte er etwas zu schlucken, das er überhaupt nicht gewohnt war.

Im Schein von Fackeln versammelten sich die Lolos am Wasser. Einem prächtigen Hahn wurde feierlich der Kopf abgerissen. Das Blut fingen junge Mädchen in zwei Schüsseln auf, die zur Hälfte bereits mit Wasser aus dem See gefüllt waren. Nachdem zwei lange Reden gehalten und die Schüsseln von den beiden »Häuptlingen« geleert worden waren, betrachteten sich die Lolos des gesamten Siedlungsgebietes und die Angehörigen der 1. Frontarmee als Geschwister.

Das hieß, die roten Verbände konnten am nächsten Morgen ihren Weg fortsetzen. Doch es bedeutete nicht, daß nicht unterwegs immer wieder Lolos erschienen und die Soldaten anbettelten. Ein Beutegewehr, eine Mütze, Strohsandalen – alles konnten sie gebrauchen.

Und Waffenhilfe erbaten sie. Das geschah einige hundert Kilometer weiter nördlich. Bis hierher war auf unerforschlichen Wegen die Kunde von den »guten fremden Kriegern« gedrungen. In der Kleinstadt Juehsi hatte sich seit langem schon eine Verwaltung der Kuomintang eingenistet, um Steuern zu kassieren und das hatte sie bei den Eingeborenen verhaßt gemacht. Vor einem Jahr etwa hatten die Lolos gegen die fremden Eintreiber rebelliert, aber sie waren unterlegen. Jetzt teilten Kundschafter den anrückenden Truppen mit, in Juehsi gäbe es erneut eine Rebellion. Sie hatte sich an der Nachricht entzündet, daß eine Macht heranzog, die das Regime der Kuomintang besiegen könne. Mit einem Handstreich hatten Rebellen den in Juehsi weilenden Distriktchef der Kuomintang sowie eine Handvoll Gendarmen, die ihn schützen sollten, überwältigt und eingesperrt. Jetzt warteten sie auf die 1. Frontarmee. Die sollte die verhaßten Vertreter einer ungeliebten Obrigkeit erschießen und damit die Legende, die über sie verbreitet wurde, bestätigen.

Liu Po-tscheng, an der Spitze der ersten Kolonne reitend, zuckte die Schultern. »Was können wir machen? Die Leute erwarten von uns, daß wir das bringen, was für sie Gerechtigkeit bedeutet. Laßt uns also um der Brüderlichkeit willen die Kerle erledigen.«

Es gab in der 1. Frontarmee eine Festlegung, die eine solche Aktion eigentlich verbot. Aber als einer seiner Stabsoffiziere Liu Po-tscheng darauf aufmerksam machte, winkte der nur unwillig ab. »Weiß ich selbst! Mir ist es allerdings lieber, eine Bestimmung zu übertreten, als hinter der Stadt von wütenden Eingeborenen überfallen zu werden!«

In Juehsi machte der Vortrupp der 1. Frontarmee indes eine Erfahrung, die das Übertreten einer Verhaltensregel schnell zur Bagatelle werden ließ. Im Zentrum der kleinen, von den Kuomintang-Besatzern verlassenen Stadt, stand ein Steingebäude mit einem schweren Eisentor. Mehrere Einheimische versuchten das Tor aufzubrechen, indem sie mit einem Balken dagegen anrannten. Aber sie schafften es nicht. Erst als einer von Liu Po-tschengs Männern eine Handgranate vor

Eine Stadt ist von den revolutionären Truppen eingenommen worden.
Mit einer Massenversammlung wird der Sieg gefeiert.

das Schloß hängte und sie zündete, sprang das Tor auf. Die Menschen fluteten in den Innenhof. Erst jetzt erfuhr Liu Po-tscheng, es sei das Gefängnis der Stadt, und die Überlebenden der Rebellion des letzten Jahres seien darin eingesperrt.

Etwas mehr als ein Jahr waren die Leute in den Händen der Kuomintang. Liu Po-tscheng ahnte, wie sie aussehen würden. Und er täuschte sich nicht. Als er den Bau betrat, roch er schon den Leichengeruch. Die Toten lagen herum.

Niemand hatte sich seit dem Abzug der Wächter um sie kümmern können. Die Lebenden, die nach und nach herausgetragen wurden, glichen Skeletten. Keiner von ihnen konnte sich ohne Hilfe aufrecht halten. Ein Elendszug, als die Angehörigen sie auf ausgehängten Türen, auf Decken oder Lattenrosten an den Soldaten vorbei trugen.

»Stellt ein Erschießungskommando zusammen«, befahl Liu Po-tscheng kurz entschlossen. »An die nächste Wand mit den Gendarmen und dem Distriktchef!«

Niemand erhob Einwände. Sobald die Erschossenen eingescharrt waren, dachte keiner mehr daran. Was galt schon das Leben eines Kuomintang-Gendarmen? Zumal jeder Soldat wußte, daß diese Gendarmen ganz ähnlich verfuhren: Was zählt schon das Leben eines roten Rebellen? Kriege schaffen auf beiden Seiten der Front oft austauschbare Denkweisen. Auch Bürgerkriege.

Die 1. Frontarmee hielt sich nicht lange in Juehsi auf. Über Funk war die Nachricht gekommen, Tschiang Kai-shek sei bereits dabei, den nächsten Sperrriegel gegen die nordwärts ziehenden Verbände zu organisieren. Er hatte auf der Landkarte den kritischen Punkt gefunden. Dort würde er den Fehler vom Goldsand-Fluß nicht wiederholen. Es war wiederum ein Wasserlauf, der das Hindernis darstellte. Die Truppen würden ihn zu kreuzen haben. Diesmal würde man besser vorbereitet sein.

DIE BRÜCKE VON LUTING

»Taschupao ist für uns keine Lösung«, stellte der sonst ziemlich einsilbige Tschu Teh fest, und weil er die höchste militärische Autorität der auf dem Marsch befindlichen roten
Truppen Chinas war, in seiner Bedeutung gleich Mao Tse-
tung folgend, brauchte er es nur einmal zu sagen. Die anderen Truppenführer horchten auf. Was Tschu Teh sagte, hatte
Gewicht.

Mao Tse-tung, der bei dieser Beratung wieder den Vorsitz
führte, wie es sich seit Tsunji eingebürgert hatte, sah den
kleinen General an: »Du hast aufklären lassen?«

Der General schüttelte den Kopf, auf dem wie immer die
zerknüllte Armeemütze saß, mit dem roten Blechstern:
»Dazu brauche ich keine Aufklärung. Ich kenne Szetchuan.
Vergeßt nicht, ich bin hier geboren. Den Tatu-Fluß habe ich
genau sechzig Jahre nach der Niederlage der Taiping-Rebellen überschritten, damals auf der Flucht. Um diese Zeit habe
ich hier meine letzte Pfeife Opium geraucht. Und heute
möchte ich nicht, daß es uns geht, wie den Taipings am Tatu.
Nein, Taschupao ist völlig ungeeignet. Nicht viel mehr als
ein Feldweg dahin. Fähren? Bessere Nußschalen.«

Mao Tse-tung hörte verblüfft zu. Zwar kannte er Tschu
Tehs Biografie und wußte, daß der General in diesem Teil des
Landes gekämpft hatte. In der alten Armee, als Sun Yat-sen,
der große Reformer, bereits gesiegt hatte. Aber so viel hinter-

einander hatte der Szetchuaner noch bei keiner Beratung gesprochen.

»Zu kleine Boote? Das ist ein entscheidender Gesichtspunkt.« Mao besah sich auf der Karte die Gegend, wo der eiskalte, unter dem Namen Tatschin aus dem Hochgebirge Sinkiangs von Norden kommende Fluß plötzlich einen Knick nach Osten machte und etwa hundert Kilometer weiter erneut nach Norden einschwenkte. Ein reißendes, gefährliches Wasser, das in den Min mündete, der zum Yangtse floß.

»Wo er ostwärts abschwenkt«, bemerkte Tschu Teh, »liegt Anschungtschang. Kleine Stadt. Große Fährstelle. Jedenfalls größer als in Taschupao. Tschiang Kai-shek hat dort zwei Kompanien.

»Auf unserer Seite des Flusses?«

Tschu Teh lachte Mao an. »Ja! Werden wir mit zwei Kompanien fertig?«

»Wir werden auch mit ihnen fertig, wenn sie auf der Landeseite sitzen«, gab Mao zurück. »Du sagst, es ist eine große Fährstelle?«

»Ausreichend. Die Fähren fassen jeweils bis achtzig Personen. Ich weiß nur nicht, wieviele sie haben.«

»Werden wir sehen. Was für Truppen hat Tschiang da? Lokale?«

»Lokale«, bestätigte Tschu Teh. »Szetchuaner Regionaltruppen.«

Schweigen. Die Truppenkommandeure blickten auf die Karte, überlegten. »Oder«, schlug Tschu Teh vor, »wir marschieren noch weitere achtzig Kilometer nordwärts, da gibt es eine Hängebrücke. Bringt die große Straße über den Fluß, aus dem Süden Zentralchinas nach Tibet. Über die Brücke sind vor zweihundert Jahren alle berühmten Händler gezogen, nach Indien, in den Kaukasus, bis nach Europa. Eisentrossen, so dick wie die Schenkel einer Bäuerin. Auflage aus Brettern.«

»Du hast die Gegend aufklären lassen?« wollte Mao erneut wissen. Tschu Teh verzichtete darauf, ihm zu erklären, daß er dafür keine Aufklärung brauchte, er nickte nur gleichmütig. »Auf unserer Seite gibt es da nichts. Auf der anderen Seite Luting. Kleine Stadt. Zwei Regimenter Reguläre. MG-Stellungen. Ansteigendes Gelände. Granatwerfer.«

Wieder Schweigen. Bis Mao vor sich hin sagte: »Wir müssen über diesen verdammten Fluß! Und wir müssen uns mit Tschang Kuo-tao vereinigen. Wir sind sonst nicht mehr schlagkräftig genug, da oben im Norden. Also?«

Er wartete auf Einwände. Das war ungewöhnlich. Sonst war es üblich, daß er etwas vorschlug und die anderen folgsam nickten, von seinen militärischen Fähigkeiten so überzeugt, daß eine Widerrede unhöflich gewesen wäre. Hatte er sich geändert? Oder war es das bevorstehende Zusammentreffen mit Tschang Kuo-tao, den man sehr wohl seinen Gegenspieler nennen konnte, und vor dem er als mustergültiger Demokrat erscheinen wollte?

Tschou En-lai wußte, daß Mao die ersten Anzeichen eines wiederkehrenden Malariaanfalls spürte und ihn die Krankheit zugänglicher machte, weniger aufbrausend und rechthaberisch. Er warf ein: »Ich bin für Anschungtschang. Es liegt am nächsten, und wir wissen nicht, wie lange der Gegner uns Zeit läßt.«

Andere Kommandeure stimmten ebenfalls zu. Je schneller man über den Fluß kam, desto besser. Schließlich erkundigte sich Mao: »Wer ist am weitesten vorn?«

Lin Piao konnte mit seiner Division in reichlich vierundzwanzig Stunden bei Anschungtschang sein. Die Eroberung der Fährstelle fiel ihm zu.

Der Generalissimus, wie Tschiang Kai-shek inzwischen ehrfurchtsvoll genannt wurde, von all denen, die entweder an sein militärisches Genie glaubten, oder von den Opportunisten, die in seinen Diensten fette Einkünfte bezogen, brütete in seinem Tschungkinger Hauptquartier ebenfalls über einer Landkarte mit dem Gebiet am Tatu-Fluß. Er kannte zwar nicht die genauen Standorte der gegnerischen Truppen, aber seine Luftaufklärung hatte inzwischen herausgefunden, daß die Roten das Gebiet der Lolos offenbar unbeschadet überwunden hatten. Wie sie es angestellt hatten, von diesen Wilden, wie Tschiang sie nannte, nicht massakriert zu werden, war ihm alles andere als klar. Aber er begriff, daß sie auf dem Wege zu Tschang Kuo-tao waren, dessen Truppen sich großspurig »4. Rote Frontarmee« nannten und gut ausgerüstet und kampferfahren waren. Man hatte sie bis ins Gebiet der Schneeberge an der Grenze zu Sikang zurücktreiben können, aber es war nicht gelungen, sie zu vernichten.

Ihr Hauptquartier sollte sich jetzt in Mougung befinden. Gelang es der Masse von Mao Tse-tungs Verbänden, sich mit der 4. Frontarmee zu vereinen, die immerhin 50 000 Mann stark war, ausgeruht und mit guten Waffen versehen, dann entstand eine äußerst gefährliche Konzentration von roten Kräften. Tschiang Kai-shek sah das mit größter Besorgnis, denn er wußte, wenn sich diese Kräfte in den Norden oder Nordosten zurückziehen und von dort aus operieren würden, dann hatten sie gute Chancen gegen seine Truppen. Und das Schreckensbild eines kommunistischen Sieges war dann gar nicht mehr so irreal, denn sobald die Kommunisten sich in diesem Konflikt zwischen zwei Vorstellungen für eine chinesische Gesellschaft auf die Siegerstraße zu bewegten, würde Moskau nicht länger abwarten und auf sie setzen. Man stand an einem Kreuzweg. Konnte man die Kommunisten nicht bremsen, dann konnten sie leicht zur stärksten militärischen Kraft in China werden und eine lange Phase kommunistischer Herrschaft wäre nicht mehr ausgeschlossen.

Aber da war ja der Tatu-Fluß! Ihn hatten die Kommunisten zu überwinden, um überhaupt in den Norden zu kommen. Und am Tatu, daß wußte auch Tschiang Kai-shek, gab es außer der Fährstelle bei Anschungtschang nur noch die 1701 gebaute Hängebrücke von Luting. Eine natürliche Falle, wenn man es richtig anfing.

Tschiang Kai-shek hatte an der Fährstelle in gewohnter Weise vorsorgen lassen: die Boote auf die eigene Seite zurücknehmen und zerstören. Lokale Truppen sollten den Übergang solange bewachen, bis weitere Einheiten heran wären. Von der Hängebrücke bei Luting, ordnete Tschiang Kai-shek vorsichtshalber an, war der Bretterbelag zu entfernen. Er glaubte allerdings nicht, daß die Kommunisten es wagen würden, dort anzugreifen, weil sie damit rechnen mußten, daß ein strategisches Objekt wie diese Brücke von ausgeruhten Truppen verteidigt werden würde. Und sie selbst waren von ihrem langen Marsch durch unwegsame Gebiete längst geschwächt. Außerdem hatten sie enorme Verluste. Ähnlich wie Tschu Teh erinnerte sich Tschiang Kai-shek an die Tragödie der Taiping-Rebellen im voraufgegangenen Jahrhundert, jener »Kämpfer für das Reich des großen Friedens« mit ihren sozialrevolutionären Vorstellungen, die zu einem nicht geringen Teil aus der christlichen Heilslehre stammten. Mit Hilfe der Engländer und Franzosen war es gelungen, sie zu schlagen. Am Tatu hatten die Mandschu-Herrscher ihnen das Rückgrat gebrochen. Es mußte gelingen, auch die Kommunisten, von denen sich nicht wenige für Nachfolger der Taipings hielten, dort so zu schlagen, daß sie so bald ihr Haupt nicht wieder erhoben. Alles in allem war der Generalissimus zuversichtlich, denn er gehörte zu jenen, die an ihr eigenes militärisches Genie glaubten. Wenn dazu das Quentchen Glück kam, das man für den Sieg brauchte, dann würde alles gut werden.

»Hung! Hung!«
Ich hörte den Ruf, als ich am Einschlafen war, todmüde

von einem Eilmarsch, bei dem ich wieder ein paar Strohsandalen verschlissen hatte, worauf ich die letzten Kilometer
barfuß gelaufen war.

Es war Lu, der mich rief. Er besah sich meine Füße und
meinte, sie würden mich noch eine Weile tragen, nur sollte
ich mich möglichst bald bei den Flechtern melden, damit die
mir wieder ein paar Sandalen anpaßten.

In unserer Truppe war so ziemlich alles geregelt. Hand-
werker sorgten für den Ersatz notwendiger Dinge. Sanitäter
hielten Kräuter zur Bekämpfung der verschiedensten Erkran-
kungen bereit. Sogar ein paar Köche hatten wir. Wenn es
denen gelang, etwas Eßbares aufzutreiben, was zugegeben
nicht sehr oft der Fall war, konnten sie in kurzer Zeit eine
Mahlzeit zaubern.

»Schaffst du heute nacht einen Einsatz? Barfuß?« erkundigte sich Lu. Wir waren bis in Sichtweite auf Anschungtschang marschiert. Jetzt konnten wir hinter dem bewaldeten
Hügel, der uns deckte, schon beobachten, wie drüben die ersten Lichter angingen. Und mit dem Eintritt der Dunkelheit
schien es, als verstärke sich das leise Rauschen, das in der
Luft lag. Das war der Tatu, der mitten in der Ortschaft durch
sein felsiges Bett stürzte.

»Was haben wir zu tun?« wollte ich von Lu wissen. Der
krümmte den Zeigefinger und sagte nur: »Komm!«

Wir krochen bis zur Kante des Hügels. Von da war der
Fluß zu sehen. Auch die Anlegestelle. Und was ich da sah,
verblüffte mich.

»Ist das nicht ein Boot?«

Lu nickte. Er vertrat den Kompaniechef, den wir noch vor
dem Lolo-Land wegen einer Verwundung bei zuverlässigen
Landsleuten zurückgelassen hatten. Einer von sehr vielen.

»Es ist eine der drei großen Fähren, die sie hier haben«,
sagte Lu jetzt. »Wir wissen, daß Tschiang befohlen hat, sie
auf dem jenseitigen Ufer festzumachen. Sogar zerstört soll-

ten sie werden, aber das tun die Leute an einer solchen Fährstelle nicht so leicht, immerhin garantiert sie ihren Lebensunterhalt. Wir haben Aufklärer hinuntergeschickt, um zu klären, ob das vielleicht eine Falle ist. Es ist keine.«

»Du meinst, das Boot ist weder mit Handgranaten präpariert, noch liegen Scharfschützen in der Umgebung auf der Lauer?«

»Weder das eine noch das andere«, gab Lu zurück. Dann lachte er leise: »Du wirst nicht glauben, was unsere Aufklärer herausgefunden haben!«

Es war tatsächlich eine unglaubliche Geschichte. Nur hatte ich die Chance, noch in derselben Nacht zu überprüfen, ob sie stimmte. Lu teilte mich nämlich für die Patrouille ein, die eine besondere Aufgabe in der sehr städtisch anmutenden Siedlung zu erledigen hatte.

Es war Mitternacht, als wir in die kleine Stadt schlenderten, ein halbes Dutzend Männer, von einem Halbwüchsigen geführt, einem Sympathisanten. Vor einem der geduckt in der Dunkelheit liegenden Häuser gab er uns mit der Hand ein Zeichen. Ich hörte, wie er flüsterte: »Hier!«

Dann war er verschwunden.

Während der Rest der Gruppe die Gegend absicherte, sollte ich mit zwei anderen in das Haus eindringen, in dem sich laut Angaben der Aufklärer nur ein Ehepaar und eine Dienstmagd aufhielten. Wir entsicherten unsere Waffen. Ich trat die Tür ein, und wir stürmten in den Schlafraum, wo sich ein Mann verwirrt aus den Decken schälte. Auf dem Kang neben ihm schlug eine Frau die Hände vor das Gesicht und wimmerte leise.

Wir ließen uns nicht auf lange Erörterungen ein. Ich rief dem Mann zu: »Sind Sie bewaffnet?«

Er deutete zur Seite. Zu sprechen war er in seiner Überraschung nicht in der Lage. Im Mondlicht, das durch die Fenster fiel, sah ich seine Uniform und den Revolver. Ich nahm die Waffe an mich, und während die anderen das Haus durchsuchten, wobei sie die verschreckte Dienstmagd beruhigen mußten, befahl ich dem Überraschten, sich anzukleiden.

Als er endlich die Uniform der Kuomintang angelegt hatte, mit dem Abzeichen eines Obersten, eröffnete ich ihm: »Sie sind Gefangener der Roten Armee. Bei Widerstand werden Sie erschossen.«

Seine Frau jaulte auf und vergrub den Kopf in die Decken. Der Mann war der Kommandeur des am anderen Ufer liegenden Regiments der Szetchuaner Lokaltruppen. Er stammte aus Anschungtschang, und er hatte unvorsichtigerweise für den nächtlichen Besuch bei seiner Frau ein Boot benutzt, das inzwischen von einer anderen Patrouille unserer Einheit erbeutet worden war. Sogar die Fährleute, die am Ufer des Tatu geschlafen hatten, waren ausfindig gemacht worden.

Inzwischen waren Wolken aufgezogen, es regnete leicht. Der um sein Leben zitternde Oberst hatte uns verraten, wo seine Truppen in der Stadt standen. Obwohl sich der größte Teil in Stellungen auf dem anderen Ufer befand, hatten unsere Kommandos den Rest der Nacht zu tun, die verschiedenen Unterkünfte des Gegners ausfindig zu machen und die dort liegenden Soldaten einzufangen.

Trotz des Überraschungserfolges in der Nacht zeigte sich am Morgen, daß die Aufgabe weiterhin schwierig war. Am jenseitigen Ufer ragten Felsklippen auf, zwischen denen der Gegner leichte Artillerie und Granatwerfer stehen hatte. Der Fluß war knapp dreihundert Meter breit und sein Wasser raste in gefährlichem Tempo dahin. Unsere Kommandeure, die eigentlich eine Brücke schlagen wollten, gaben den Plan auf, zumal das Flußbett felsig war und man nur schwer Stützpfähle in den Grund rammen konnte.

Aber die nächsten Einheiten, die Anschungtschang erreichten, brachten einige der kleinen Kanonen mit, die wir noch besaßen und bald darauf entspann sich zwischen ihnen und der Artillerie des Gegners ein Feuergefecht, während dem es einer Gruppe Todesmutiger gelang, mit dem Fährboot das wilde Wasser zu kreuzen und sich am anderen Ufer um die Fährstelle herum festzusetzen.

Ich lag neben Lu und konnte durch sein Fernglas beobachten, wie das Fährboot mit der zweiten Gruppe unweit der Landestelle der ersten anlegte und die Männer sich auf die gegnerischen Soldaten stürzten. Wieder kam die Fähre zurück, um weitere Kämpfer zu holen.

Der Gegner verteidigte sich zäh. Aber er hatte nicht mit unserer Artillerie gerechnet. Und wenn auch die kleinen Kanonen mit der noch aus den Werkstätten im Djinggangshan stammenden Munition nur bedingt den Namen »Artillerie« verdienten - hier sorgten sie dafür, daß der Gegner seinen Kopf unten behielt und unsere Männer vordringen konnten, die ersten MG-Nester, Granatwerferstellungen und sogar Geschütze eroberten.

Als es dunkel wurde, hatten wir mit dem einen Fährboot bereits eine ansehnliche Zahl Soldaten auf das andere Ufer übergesetzt. Sie machten etwas flußabwärts noch zwei weitere Fährboote ausfindig und am nächsten Tag befand sich bereits ein ganzes Regiment jenseits des Flusses.

Nach und nach trafen weitere Verbände in Anschungtschang ein. Auch Mao Tse-tung mit seinem Stab. Und dann wurde die Lage kritisch. Gegnerische Flugzeuge begannen, die Übergangsstelle systematisch zu bombardieren. Das wäre zu ertragen gewesen, zumal die Piloten unser Abwehrfeuer fürchteten und deshalb schlecht zielten. Auch daß im Stab Mao Tse-tungs Meldungen eingingen, wonach von Süden und Norden her Kuomintangtruppen auf Anschungtschang in Marsch gesetzt worden waren, beunruhigte uns nicht über

Gebühr – sie waren sehr weit entfernt, und es würde eine Weile dauern, bis sie uns angreifen konnten. Aber die Natur war es, die uns eine Schranke setzte, gegen die menschlicher Wille machtlos war.

Es war Mai, und in den Bergen hatte die Schneeschmelze begonnen. Der Fluß stieg von Stunde zu Stunde und wurde so reißend, daß die Fährleute am dritten Tag bereits für eine Überquerung vier Stunden brauchten.

Tschou En-lai und Mao Tse-tung inspizierten die Fährstelle. Dabei rechnete Tschou aus, daß bei den drei Fährbooten, die wir zur Verfügung hatten, und die jeweils höchstens sechzig bis siebzig Soldaten trugen, viele Wochen vergehen würden, bis die gesamte 1. Frontarmee auf das andere Ufer übergesetzt wäre. Das würde nicht nur steigende Gefährdung durch Flieger bedeuten, auch Tschiangs Truppen würden in dieser Zeit heran sein.

Es war der 28. Mai. Mao Tse-tung teilte die Sorgen seines Stabes. Peng Teh-huai und Lin Piao waren für den sofortigen Abbruch des Übersetzmanövers. Etwa eine Division befand sich jetzt auf dem anderen Ufer, und Teile davon marschierten bereits nordwärts.

»Laß sie weitermarschieren«, schlug Lin Piao vor. Mao hatte seinen Stab in einem kleinen Haus unweit der Anlegestelle versammelt. Die Situation erforderte eine schnelle Entscheidung.

»Wir spalten uns damit auf«, befürchtete Mao.

Aber Tschu Teh, der sich die Karte genau angesehen hatte, widersprach ihm: »Machen wir nicht! Laß die Kräfte auf dem jenseitigen Ufer unter Liu Po-tschengs Führung in Richtung Luting marschieren. Auf jener Seite des Flusses befinden sich an der Hängebrücke die Stellungen der Kuomintang. Wir müssen über diese verfluchte Brücke! Am besten ist es, wenn wir auf dem jenseitigen Ufer zur gleichen Zeit angreifen, zu der wir von dieser Seite her die Brücke stürmen. Es bleibt uns gar keine andere Wahl. Oder unser Marsch endet hier, am Tatu.«

Tschou En-lai rechnete: »In vier Tagen können wir die Entfernung zurücklegen. Wenn wir schnell sind …«

Mao stimmte schließlich zu. Es gab sowieso keine andere Lösung.

Auf dem anderen Ufer marschierte Liu Po-tscheng an der Spitze der übergesetzten Division nordwärts. Und auf unserer Seite kam der Befehl, das Übersetzen sofort einzustellen und sich in Marschsäulen zu formieren: Richtung Norden.

Lu und ich blieben bei der Nachhut, die Anschungtschang als letzte verließ. Wir hatten nur ein paar Stunden zu warten, dann war die 1. Frontarmee aus der Stadt und ihrer Umgebung verschwunden.

Am vierten Tag nach dem Aufbruch in Anschungtschang erreichte der Vortrupp in Regimentsstärke die Gegend bei Luting. Mehrere heftige Zusammenstöße mit lokalen Truppen lagen hinter ihm. Die Männer mußten steile Anstiege überwinden und waren durch tiefe Schluchten gezogen, die es um den Lauf des Tatu herum gab. Manches Hindernis hatten die total erschöpften Kämpfer, von denen sich viele nur noch wie Automaten vorwärts bewegten, einzeln überwinden müssen. Immer wieder schütteten Wolkenbrüche wahre Sturzbäche auf sie herab. Aber sie achteten schon lange nicht mehr darauf, ob sie durchnäßte oder trockene Kleidung auf der Haut spürten. Sie hörten die anfeuernden Rufe ihrer Kommandeure und der politischen Agitatoren, und sie setzten wie in Trance einen Fuß vor den anderen. Mancher schief, ohne es zu merken, während des Marschierens kurz ein, bis ein Stolpern oder ein Stoß des hinter ihm Laufenden ihn wieder weckte.

Und dann lag die Brücke vor ihnen, das Objekt ihrer Wünsche, eine Konstruktion aus dicken Stahlketten, mit Bohlen belegt. Sie überspannte den schäumend über die Felsklippen rasenden Fluß, auf dem kein Boot auch nur eine geringe Chance gehabt hätte, so tückisch quirlten seine Wasser.

Der Kommandeur des Vorausregiments, Wang, ein noch junger Mann aus dem Süden, musterte aus sicherer Deckung durch sein erbeutetes Fernglas die Gegend. Es gab ein paar Häuser am westlichen Zugang, aber nichts deutete auf Truppen des Gegners auf dieser Seite hin. Die Verteidiger lagen auf dem jenseitigen Ufer. Dort, zwischen dem Stadtrand von Luting und dem Fluß, hatten sie MG-Stellungen und Schützenlöcher ausgehoben. Ein paar Rohre von Granatwerfern waren zu erkennen. Noch hatten die Verteidiger die angerückten roten Truppen nicht entdeckt, aber es konnte sich nur noch um Minuten handeln.

Die Brücke war unbeschädigt. Solange Wang sie auch mit dem Glas absuchte, er konnte keine Sprengladungen entdecken. Aber der Gegner hatte eine wirksamere Methode gefunden, die Brücke unpassierbar zu machen, die noch dazu den Vorteil hatte, daß das Bauwerk erhalten blieb.

Wang zählte insgesamt dreizehn Kettenstränge mit mehr als armdicken Gliedern, aus denen die Konstruktion bestand. Neun davon waren als Bodenfläche nebeneinander gespannt, und an zwei weiteren auf jeder Seite aufgehängt. Die vier starken Halteketten der Aufhängung dienten gleichzeitig als Geländer. Nicht eines der schweren Kettenglieder war lädiert. Aber Wang entdeckte, daß von der Westseite bis etwa zur Mitte der hundertfünfzig Meter langen Brücke der Bohlenbelag abgenommen worden war, ein guter Trick, die Brücke unpassierbar zu machen und gleichzeitig das Bauwerk zu erhalten.

Wang rechnete. Am Ostufer mußten jeden Augenblick die von Liu Po-tscheng geführten Kräfte der bei Anschungtschang übergesetzten Division vor Luting ankommen. Sie würden die zwischen der Stadt und dem östlichen Brückenzugang befindlichen gegnerischen Kräfte angreifen und so deren Aufmerksamkeit, das hoffte er, von der Brücke selbst ablenken. Ihm war eine Idee gekommen, wie man die Brücke doch noch bezwingen könnte. In diesem Augenblick, als es noch keine Generäle oder Politiker am Flußufer gab, begann der Regimentskommandeur Wang ein Unternehmen, das darüber entschied, ob der »Lange Marsch« hier sein Ende in einer schmählichen Niederlage fand, oder ob er sein Ziel doch noch erreichte. Hatte man zuerst noch keine allzu klare Vorstellung gehabt, wohin es eigentlich gehen sollte, so war sich die Führung in Tsunji darüber einig geworden, daß man irgendwo im von der Kuomintang kaum beherrschten Norden des riesigen Landes ein neues »revolutionäres Zentrum« aufbauen wollte, und daß man versuchen würde, sich zuvor mit der an der Grenze zu Sikang operierenden 4. Frontarmee zu vereinigen.

Wang ließ zunächst eine Kolonne zum Wald abrücken, mit dem Auftrag, möglichst viele mittelstarke Bäume zu fällen und auf Brückenbreite zuzuschneiden. Legte man sie über die freiliegenden Ketten, so rechnete er, wäre die Brücke wieder passierbar.

Als er gerade nach dem Chef der 2. Kompanie suchen ließ, begann plötzlich von der Ostseite des Flusses das gegnerische Feuer. Sie waren entdeckt! Granatwerfer und MGs legten los. Eisensplitter und Felsbrocken wirbelten durch die Luft. Wangs Männer gingen in Deckung. Er selbst hockte sich unter einen überhängenden Felsen und besprach eilig mit Liao Ta-tschu, dem Führer der 2. Kompanie, was zu tun sein, um so schnell wie möglich über den Fluß zu kommen.

»Wenn es uns gelingt, mit zwei Dutzend Kämpfern über die blanken Ketten bis in die Mitte der Brücke zu kommen, dorthin, von wo ab der Bohlenbelag noch, vorhanden ist, haben wir so gut wie gewonnen. Wie die Teufel zum Ostufer, schießen, was die Läufe hergeben, und wenn wir Glück ha-

Sturm über die Luting-Brücke. Modernes chinesisches Ölgemälde.
Eine der üblichen Heldendarstellungen über den Langen Marsch.

ben, greifen dann die Leute von Liu Po-tscheng den Gegner im Rücken an.«

»Gib mir das Glas«, verlangte der Kompaniechef.

Er besah sich die nackten Ketten auf dieser Seite der Brücke genau. Schließlich setzte er das Glas ab. Liao Ta-tschu war ein kleiner, kräftiger Soldat. Besonnenheit zeichnete ihn aus, aber sie paarte sich mit der Fähigkeit, von einer Sekunde auf die andere einen entscheidenden Schlag zu führen.

»An den Rändern kann man auf einer Kette stehen und sich gleichzeitig an der Spannkette festhalten«, sagte er. »Da kommt man gut vorwärts. Und wer Kraft hat, der kann sich an einer der Bodenketten vorwärts hangeln. Ich würde es wagen.«

Er sah den Regimentskommandeur an. Der wollte wissen: »Wieviele Freiwillige bekommst du zusammen?«

»Wieviele brauchst du?«

»Ich denke, zwanzig müßten als erstes reichen.«

Der Kompaniechef lächelte verlegen. »Laß sie vorher noch etwas essen. Sie hatten seit Wochen nichts Warmes mehr im Magen, und vor einer Stunde haben sie irgendwo ein Schwein aufgetrieben.«

Regimentskommandeur Wang schaute auf die Uhr, die er erst kürzlich einem Kuomintangsoldaten abgenommen hatte. »In zwei Stunden?«

»In zwei Stunden«, stimmte Liu zu. Er tauschte einen Händedruck mit Wang, dann verschwand er.

Auf dem Beutestück am Handgelenk des Regimentskommandeurs war es genau sechzehn Uhr, als er das Zeichen zum Angriff gab. Gleichzeitig eröffneten alle MGs und Granatwerfer des Regiments das Feuer. Am Ostufer zogen die Verteidiger der Brücke die Köpfe ein. Und genau damit hatte Liao Ta-tschu gerechnet. Es entstanden einige Sekunden Unaufmerksamkeit, die der Stoßtrupp des Kompanieführers nutzte.

Liao Ta-tschu hatte zweiundzwanzig Freiwillige unter all jenen, die sich anboten, ausgewählt. Jetzt rannten sie los. Die meisten trugen erbeutete Maschinenpistolen, aber auch Pistolen, Handgranaten und Haumesser. Die eine Hälfte balancierte auf den Randketten vorwärts, die etwa hüfthohe Geländerkette als Stütze nutzend. Die andere Hälfte klammerte sich an die Bodenketten und hangelte sich, Griff für Griff, sechzig Meter über den dahindonnernden Wassermassen auf die noch mit Bohlen belegte Osthälfte der Brücke zu. Eine Zeitlang konnten sie das ungestört tun, aber dann hoben die Gegner am Ostufer wieder die Köpfe, und es hagelte Geschosse.

Ein Mann fiel in den Fluß. Ein weiterer folgte. Ein einsamer Trompeter auf dem Westufer blies in den infernalischen

Die Luting-Brücke über den Tatu-Fluß. Hier spielte sich eine der riskantesten Flußüberquerungen während des Langen Marsches ab, die über den Ausgang des Unternehmens entschied.

Lärm der detonierenden Werfergranaten, in das Jaulen der Querschläger und das Tosen des Flusses hinein das Sturmsignal, als wolle er damit die Todesschreie der Abstürzenden übertönen.

Siebzehn Freiwillige stürzten ab, meist nachdem sie durch Geschosse getroffen worden waren. Fünf langten schließlich dort an, wo noch Bohlen lagen, auf denen man gehen konnte. Nur – die fünf Männer waren längst nicht mehr allein auf der Brücke. Sie hatten lediglich den Angriff eröffnet, andere folgten ihnen bereits.

Liao Ta-tschu hatte es bis zu den Bohlen geschafft. Er holte noch einmal tief Luft, dann kam aus seiner Kehle ein heiserer Schrei, und er stürzte vorwärts. Wie durch einen

Schleier sah er, was plötzlich vor ihm geschah: Kuomintangsoldaten gossen Petroleum auf die verbliebenen Bohlen
und steckten es an. Aber zur gleichen Zeit sprangen hinter
ihnen die Soldaten aus ihren Deckungen, ließen Granatwerfer
und MGs stehen und rannten in Richtung Stadt.

Grund für ihre Flucht waren die Soldaten, die Liu Po-
tscheng auf dem Ostufer herangeführt hatte, und die sich sofort mit Geschrei auf ihre Gegner stürzten.

Alles ging nun blitzschnell. Kompaniechef Liao stürmte
an der Spitze seiner Männer über die oberflächlich brennen-
den Bohlen vorwärts. In den Stellungen war niemand mehr.
So rannten die Männer weiter, auf die Stadt zu, wo sich der
Rest der Verteidiger der Brücke erbittert zur Wehr setzte.

Aber es war bereits zu spät, um das Blatt noch zu wenden.
Liu Po-tschengs Truppen griffen kompanieweise in den
Kampf um die Stadt ein. Zugleich rollte das Holzfällerkom-
mando einen frisch geschnittenen Stamm nach dem anderen
auf die freiliegenden Bodenketten. Ihnen entgegen arbeiteten
sich Soldaten, die auf dem Ostufer die abgenommenen Bohlen gefunden hatten. Sie halfen auch, das Feuer zu löschen.
Eine Stunde nach Beginn des Angriffs war der Kampf entschieden, obwohl es in den Straßen von Luting noch vereinzelt Schießereien gab.

Als es dämmerte, war die Brücke wieder betriebsfähig, Repa-
raturkolonnen hatten den Belag vervollständigt. Bereits jetzt
marschierten immer mehr Soldaten ans Ostufer.

Am nächsten Morgen traf zuerst General Lin Piao an der
Luting-Brücke ein. Wenig später kam die Kolonne mit Mao
Tse-tung und Tschu Teh. Beide waren einigermaßen überrascht, als sie Einzelheiten über den erfolgreichen Handstreich hörten, den ein Regiment des Voraustrupps geführt
hatte.

Mao Tse-tung, dessen Ehrgeiz es war, stets die wichtigen

Entscheidungen selbst zu treffen, mußte hier erkennen, daß es durchaus nicht immer seiner Weisheit bedurfte, im Kampf das Richtige zu tun.

Er sprach zu niemandem darüber, aber seine Vertrauten wußten, wie froh er war, daß der beherzte Entschluß eines Regimentskommandeurs, der ihn zwar ärgerte, zusammen mit dem Mut einer Handvoll Soldaten es ermöglicht hatte, weiterzumarschieren.

Auf einem Betonblock, in den eine der Ketten eingegossen war, las Mao folgende Schriftzeichen:

Ragende Berge rahmen die Brücke von Luting ein.
Tausend Li steigen sie zu den Wolken empor.

Lu machte mich auf den in die Platte gehauenen Zweizeiler aufmerksam, als wir am nächsten Abend bei der Brücke ankamen. Etwas leichtfertig meinte ich: »Damit scheint das Schlimmste hinter uns zu liegen, oder?«

Lu, mit dem mich seit Shanghai Freundschaft verband und der letztlich dafür verantwortlich war, daß ich dieses Abenteuer »Langer Marsch« miterlebte, korrigierte mich sanft. »Abwarten, Seemann! Jetzt geht es in die himmelsnahen Berge. Um die fünftausend Meter hoch ist der Tschiatschinshan. Und man kann ihn nicht umgehen. Das wird schwer.«

Er besah sich skeptisch meine Füße. Immer noch lief ich barfuß. Ich hoffte, die Haut würde mit der Zeit verhärten und so immun gegen Verletzungen werden. Aber Lu schüttelte den Kopf.

»Nicht in Schnee und Eis.«

Er musterte, als wir die Stadt durchquerten, eine Kolonne Gefangener, und schließlich fand er einen, der meine Schuhgröße hatte. Hinter der Stadt, als wir das erste felsige Tal durchquerten, marschierte ich in sehr weichen, überraschend gut passenden Schnürschuhen aus Leder.

SCHNEEBERGE UND HOCHMOORE

Eine Anzahl Frauen waren bei uns, daran hatten wir uns gewöhnt. Ebenso wie an die »kleinen roten Teufel«, die Halbwüchsigen. Sie waren von Djinggangshan aus mit uns aufgebrochen. Es war erstaunlich, welche Strapazen die Frauen ertragen konnten. Aber auch die Halbwüchsigen hielten sich gut.

Als ich die junge Frau sah, die am Rande einer Schlucht hoch oben im Schneebergmassiv hockte und weinte, wußte ich zuerst nicht, was ich davon halten sollte – sicher eine Schwäche, die vorüberging. Später würde die Frau sicher nicht gern daran erinnert werden. Doch als ich näher kam, erkannte ich sie wieder. Sie war mir vor einiger Zeit aufgefallen, weil sie schwanger war. Später hatte ich gesehen, daß sie ein Baby in einem Tuch auf dem Rücken trug. Und hier war sie nun. Ihre Augen registrierten mich, als ich an sie herantrat, aber da war keine Regung. Nur Tränen.

Hier oben pfiff der Wind unausgesetzt, wirbelte Schnee umher, ein eisiger Wind, der aus Tibet kam, an dessen Grenze die Bergkette lag. Wir kletterten seit Tagen in dem Massiv herum, suchten einen Abstieg. Schon beim Aufstieg hatten wir unendlich viele Leute verloren. Vor allem solche, die im Süden zu Hause waren. Sie vertrugen die grimmige Kälte der Berge nicht, zu der der Hunger kam, denn wir hatten tagelang kein Essen gehabt. Ich selbst kaute an einem Stück Baum-

144

Kang Ke-ching,
die Frau Tschu Tehs, war eine der chinesischen Revolutionärinnen, die den Langen Marsch mitmachten. Sie hatte zuvor schon eine Guerilla-Gruppe angeführt. Nach Gründung der Volksrepublik China ging sie in die Politik und war besonders im Nationalen Frauenbund tätig.

Einer der jüngsten Teilnehmer am Langen Marsch. Bei Kindern dieses Alters handelte es sich meist um Waisen, deren Eltern im Kampf gefallen waren.

145

rinde herum, das mir Lu bei einer Rast zugesteckt hatte. Es füllte den Magen nicht, was ich da abknabberte, gab aber wenigstens das Gefühl, nicht gerade hungrig zu sein, wenn auch nur für Minuten.

Die Männer aus dem Süden, unter ihnen viele, die erst in Tsunji oder später zu uns gekommen waren, starben leise. Hockte sich einer von ihnen ermattet und total erschöpft an den Rand des Pfades, dann wußte jeder, der an ihm vorbei seinen Weg nahm, daß er bald aus Schwäche sterben würde.

Andere torkelten über die schmalen Felsgrate und stürzten ab. Viele erfroren nachts, denn die zerfetzte Kleidung konnte die Kälte nicht abhalten. Sie standen einfach morgens nicht mehr auf, und bald hatte der treibende Schnee sie zugeweht.

»Müde?« fragte ich die an der Schlucht hockende Frau.

Sie antwortete nicht. Aber ich sah, daß vor ihr ein überhängende Schneewehe abgebrochen war. Viele Männer waren schon ahnungslos über eine solche trügerische Wehe gegangen und in die Tiefe gestürzt.

Hier hatte es ein Tragtier erwischt. Als ich vorsichtig über den Rand spähte, sah ich auf einer Felsplatte unter uns das abgestürzte Muli liegen. Daneben das Lumpenbündel, das wohl das Baby enthielt. Ich wagte nicht, daran zu denken, wie das Kind nach einem solchen Sturz aussehen könnte. Vielleicht war es für den Seelenfrieden der jungen Frau gut, wenn sie es nicht mehr sah.

Ein Schuß ließ mich herumfahren. Da sah ich gerade noch, wie die junge Mutter über die Kante nach unten fiel. Zu ihrem Kind. Sie hatte ihre Pistole in den Mund gesteckt und abgedrückt.

Lu kam angelaufen, atemlos, weil ihm die dünne Luft zu schaffen machte. Ich brauchte ihm nichts weiter zu erklären. Er begriff sofort, nahm mich am Arm und zog mich weg.

»Keinen Sinn«, murmelte er.

Ich fragte ihn: »Werden wir das überhaupt schaffen?«

Er wußte es nicht. Aber Lu war nicht mutlos, wie manche anderen. Er griff in die Tasche seiner zerlumpten Hose und zog ein Stück von einer noch saftigen roten Chili-Schote heraus.

»Beiß ab!«

Ich tat es, und er erklärte mir: »Nicht etwa schlucken. Ganz vorsichtig im Mund hin und her wälzen. Das vertreibt den Hunger für längere Zeit.«

Er warf noch einen Blick auf die Stelle, an der die junge Frau abgestürzt war, aber er sagte nichts mehr. Lu war zu gewissen Zeiten ziemlich wortkarg.

Ich kletterte auf dem schneeglatten Fels weiter. Vor und hinter mir keuchten andere. Noch war ich gesund. Würde das anhalten, bis wir endlich wieder ein sicheres Quartier bekamen? Wer auf diesem Marsch auch nur den Husten bekam, der lag einen oder zwei Tage später unweigerlich mit einer Lungenentzündung am Wegrand und hauchte sein Leben aus.

Sechs Bergketten hatten wir inzwischen überwunden. Tschiatschinshan, der große Schneeberg, die Tschunglai-Zinnen, die »Traumfeder« – ich hatte mir die Namen nicht alle eingeprägt, die Berge waren alle gleich grausam. Jetzt kletterten wir auf den Gipfel der siebenten Kette zu, wie es hieß, war das vorerst die letzte.

Anfangs, in den Talregionen, hatte es gelegentlich Schießereien mit Angehörigen tibetischer Bergstämme gegeben, die in uns unerwünschte Eindringlinge sahen. Aber die Tibeter besaßen meist nur schlechte Gewehre, nicht selten Vorderlader, aus Indien geschmuggelt. So richtig gefährlich konnten sie uns nicht werden, wenngleich sie gelegentlich einen von uns mit einer Kugel erwischten. Schließlich verlegten sie sich darauf, die Sterbenden entlang unserer Marschroute zu töten.

Wir ließen uns von unseren Agitatoren nach und nach davon überzeugen, dies sei eher ein Gnadenakt, denn die Aussicht, jemand würde wie im Flachland des Südens die Kraftlosen auflesen und gesund pflegen, bestand hier nicht. Hier bedeutete ein Schuß in den Kopf die Abkürzung einer unmenschlichen Qual, in der Tat.

Ich hörte, wie der Trompeter das Signal für eine Marschpause blies. Aber ich wollte jetzt nicht ruhen. Das Laufen fiel danach um so schwerer, und die Kälte kroch, wenn man sich nicht dauernd bewegte, unbarmherzig in die Knochen. Also tappte ich weiter. Vorbei an meinen Freunden, bis hin zu Lu, der immer noch bei Kräften zu sein schien.

Ich traf ihn in einem kleinen Felskessel, auf dem Abstieg vom Gipfel. Wir hatten endlich einen Pfad nach unten entdeckt. Hier hatte es offenbar einmal eine Siedlung gegeben, denn es standen noch einige verlassene Hütten. Aus der einen trugen vier Männer soeben Lin Piao heraus. Seine Lunge hatte die Anstrengung nicht mehr ausgehalten, und die Schwäche hatte ihn überwältigt.

Mao Tse-tung ritt auf einem Muli an mir vorbei, neben ihm zwei seiner Leibwächter, ebenfalls auf Mulis. Mao hatte die Augen geschlossen. Er hing förmlich auf dem Tier. Malaria. Sie überfiel ihn immer wieder. Danach sah ich Mao erst um die Mitte des Monats Juni wieder.

Wir befanden uns in dem kleinen Städtchen Tjäntjüan, in der Ebene von Westszetchuan. Das Gefühl, sich wieder einmal waschen zu können, die verfrorenen Glieder in die Sonne zu halten, etwas zu essen, wenngleich nicht viel, denn die Stadt war von den meisten Einwohnern aus Angst vor uns verlassen worden – das alles hatte die Stimmung gehoben, und selbst die trüben Gedanken an die auf dem Marsch durch die grausamen Berge verlorenen Freunde verblaßten langsam.

Lu war es, der uns aus der Idylle aufscheuchte: »Abmarsch in einer Stunde! Ziel Mougung. Unser Auftrag lautet, die Führung abzuschirmen.«

Uns blieb genug Zeit, denn wir hatten keine Habseligkeiten zu packen. Was wir besaßen, trugen wir in den Taschen.

Ich setzte meine erbeutete Maschinenpistole, die ich gereinigt hatte, wieder zusammen. Als das Signal zum Aufbruch ertönte, konnte ich von Lu noch erfahren, daß wir nur etwa zwanzig Kilometer zu marschieren hätten und es in dieser Gegend noch keine Überfälle gegeben habe. Dann beobachtete ich, wie Mao, Tschou En-lai und andere auf Mulis losritten. Unsere Truppe folgte ihnen.

Bis Mougung kamen wir nicht. Ein paar schneidige Reiter auf gutgenährten Pferden, Karabiner auf dem Rücken, sprengten uns entgegen und geleiteten unseren Zug in eine Ortschaft namens Ljanghokou, etwas nordwestlich von Mougung. Ich erkannte eines der wenigen Pferde, das den Marsch mit uns bis hierher geschafft hatte. Es gehörte Tschu Teh.

Einige hundert Meter vor dem Ort hoben die Leibwächter Mao Tse-tung von seinem Muli und setzten ihn auf Tschu Tehs Pferd. Dann zog die Kolonne in den Ort ein.

Er war wie die meisten Ortschaften in dem Gebiet, das Tschang Kuo-taos Gruppe beherrschte, verlassen. Aber überall flatterten Fähnchen, und auf riesigen Transparenten war zu lesen: »Bauen wir gemeinsam den Hauptstützpunkt der Revolution in Nordwest-Szetchuan aus!« Wir waren gerade in den Ort einmarschiert, als ein prasselnder Sommerregenschauer niederging, der uns augenblicklich völlig durchnäßte.

Mao und Tschu Teh befanden sich schon auf dem Platz, an dem das Zeremoniell des Treffens stattfinden sollte. Hier war ein Regendach aus Zeltplanen ausgespannt, unter das sich unsere Anführer flüchten konnten. Sogar das Datum erfuhren wir hier, es stand in riesigen Zahlen an einer Hauswand: 21. Juli 1935!

Mao und Tschu wurden von gut gekleideten und auch sichtlich gut genährten Offizieren der 4. Frontarmee umringt, begrüßt und mit tausend Fragen bestürmt. Uns näherten sich einzelne Soldaten, die uns Zigaretten anboten oder aus ihren Wasserflaschen trinken ließen. Wir spürten, daß sie sich über die Lumpen, die wir trugen, und über den Schmutz, der an uns klebte, wunderten – sie selbst sahen aus wie wohlgepflegte Garnisonstruppen. Überall standen Soldaten in Grüppchen und unterhielten sich. Plötzlich hörte der Regen auf. Und wenig später erschien Tschang Kuo-tao, umringt von Offizieren, alle auf sorgsam gestriegelten Pferden. Eine eindrucksvolle Gestalt, in erlesenes Tuch gekleidet, war Tschang. Als der Vierzigjährige sah, daß Mao und Tschu Teh von ihren Gäulen kletterten, stieg auch er von seinem Paradepferd, mit Hilfe von aufmerksamen Ordonnanzen. Er strich sich den Uniformrock glatt und ging auf Mao und Tschu Teh zu.

Hinter mir war Lu aufgetaucht. Jetzt murmelte er: »Seine Exzellenz General Tschang Kuo-tao!«

Die Oberbefehlshaber der 1. und 4. Frontarmee grüßten einander militärisch. Soldaten klatschten Beifall. Dann umarmten die drei Männer einander, und nach einer Weile gingen sie unter die ausgespannten Zeltplanen. Tschang Kuo-tao trat an das Rednerpult, ein Offizier legte ein Blatt Papier vor ihn hin, und der Chef der 4. Frontarmee hielt seine Begrüßungsrede.

»Wieviele sind wir eigentlich noch?« erkundigte ich mich, als die feierlichen Reden vorbei waren, bei Lu.

Der wiegte den Kopf, und nach einer Weile sagte er: »Keiner weiß das genau. Nach dem, was ich gesehen habe, sind wir bestenfalls noch um die Zwanzigtausend.«

»Und die Vierte?«

»Vierzig- bis fünfzigtausend.«

Neben mir stand ein kleiner, verhungert aussehender Soldat unserer Einheit. Er war im Süden zu uns gestoßen, und bis jetzt hatte er sich gut gehalten. Er brummte vor sich hin: »Eine solche Jacke müßte man haben. Der Kragen, das scheint Schaffell zu sein, das muß warm halten in der Nacht.«

Tschang Kuo-tao hatte von großen Aufgaben in der Zukunft gesprochen, von der glorreichen Revolution. Er hatte auch Neuigkeiten verkündet. Danach drangen die Japaner inzwischen in der Inneren Mongolei westwärts vor, stießen aber überall auf Widerstand. Angeblich gab es in den großen Städten wachsende Empörung gegen die Japaner, und auch in den Tschiang Kai-shek ergebenen Bevölkerungsschichten wäre die Stimmung gegen die Eindringlinge von der Insel gewachsen.

Während Mao nur ein paar knappe Grußworte gesprochen hatte, redete Tschang Kuo-tao ausführlich, und er verkündete, die 4. Frontarmee beherrsche ein Territorium von knapp 40 000 Quadratkilometern. Es ziehe sich von Mougung im Süden bis weit in den Norden hinauf, über Maoerhkai hinaus, und reiche im Westen nach Sinkiang hinein. Gefahr von Kuomintangtruppen bestehe nicht. Die am nächsten stehenden Verbände des Gegners seien zu Angriffsaktionen nicht in der Lage, im Gegenteil, sie hofften, die 4. Frontarmee würde sie nicht attackieren.

Das war es auch, was unser Agitator bei der politischen Bildungsveranstaltung am frühen Abend immer wieder herausstellte, als ob er uns beruhigen wollte: ein sicheres Gebiet, in dem sich zwei bisher unabhängig voneinander operierende revolutionäre Armeen von nun an vereinigen würden, zur Stärkung der Revolution.

Wir hörten oft solche Vorträge. Eigentlich informierten sie uns schlecht und recht über das, was außerhalb unseres

Blickfeldes vor sich ging. Meist liefen sie allerdings darauf hinaus, das Gefühl zu stärken, wir dienten nicht nur einer gerechten Sache, die das Land vom Einfluß fremder Mächte befreien und endlich soziale Gerechtigkeit einführen solle, sie beförderten auch die Erkenntnis, diese Sache, nämlich die Revolution, nähere sich schrittweise ihrem Ziel. Also sei der Einsatz selbst des eigenen Lebens dafür lobenswert.

Gelegentlich wurde in solchen Lehrveranstaltungen auch über die Entstehung der sozialen Bewegung in China gesprochen, aus der schließlich die Kommunistische Partei hervorgegangen war. Auch heute verlas der Agitator einiges über die Parteigeschichte, besonders über den Anteil, den unser Gastgeber Tschang Kuo-tao von der Gründung an daran hatte.

Es klang alles sehr interessant. Tschang Kuo-tao, so meinte unser Agitator, habe das Gesicht der Partei, für deren soziale Ziele wir hier mit der Waffe kämpften, entscheidend mit geprägt. Er werde mit uns gemeinsam auch den Sieg erringen.

Meinungsverschiedenheiten zwischen ihm und Mao Tsetung erwähnte er nicht. Sie waren auch nicht allgemein bekannt. Ich selbst war nur durch einige Bemerkungen von Lu darauf aufmerksam geworden.

Nun, als die Lehrstunde zu Ende war, raunte mir Lu ins Ohr: »Mit dem wird es noch eine Menge Ärger geben!«

Er kannte aus seiner langen Arbeit in der Partei die Spannungen zwischen den einzelnen Gruppierungen ziemlich genau. Und Tschang Kuo-tao rechnete er zu jenen Funktionären, die dazu tendierten, sich völlig der Kommunistischen Internationale zu unterstellen, die die weltpolitischen Interessen Moskaus mit Hilfe der ihr ergebenen kommunistischen Parteien in vielen Ländern zu realisieren suchte. Was so mancher andere Parteiführer zu Recht egoistisch fand. Vor allem Mao Tse-tung.

Am späten Abend gab es ein ausgezeichnetes Essen: Reis, Gemüse, etwas Geflügelfleisch, Sojasoße ... Dabei konnte man sich eine Stunde oder länger aufhalten, wie es bei einer guten Mahlzeit traditionell üblich ist. Und dabei wurde wie immer erzählt. An diesem Abend war es Lu, der mir und ein paar anderen, die trotz der großen Müdigkeit – oder gerade ihretwegen – noch nicht schlafen konnten, mitteilte, was er über diese beeindruckende Person Tschang Kuo-tao wußte.

Vor etwa siebzehn Jahren begegneten sich Mao Tse-tung und er zum ersten Mal, und zwar an der Pekinger Universität, wo Tschang Kuo-tao, der Sohn einer gutsituierten Landbesitzerfamilie aus Kiangsi, Philosophie studierte und Mao Tse-tung, ebenfalls aus wohlhabender Bauernfamilie in Hunan, Assistent in der Bibliothek war.

Wie Mao gehörte Tschang damals schon zu den »Radikalen«, und er vertiefte sich in ausgedehnte marxistische Studien, wenn er nicht gerade Demonstrationen oder Versammlungen organisierte. Folgerichtig stieß er zu der Gruppe, die die Gründung der Kommunistischen Partei vorbereitete. Er gehörte mit zu den Teilnehmern des ersten Parteikongresses in Shanghai im Sommer 1921.

Während er Sekretär für Organisation in der Zentrale wurde, ging Mao als Funktionär der Partei nach Hunan, wo er Bauern für die Revolution gewinnen sollte.

Tschang Kuo-tao reiste im Oktober 1921 bereits nach Moskau. Dort traf er nicht nur den legendären Lenin, sondern auch viele Funktionäre der Komintern, die er näher kennenlernte, als er im Januar des folgenden Jahres an deren »Fernost-Kongreß« teilnahm.

Zurückgekehrt, arbeitete er als Organisator der chinesischen Kommunistischen Partei, obwohl er in verschiedenen strategischen und taktischen Fragen die Meinung des Führungsgremiums nicht völlig teilte. Wieder und wieder reiste er nach Moskau und pflegte diese Verbindung.

In Peking wurde er von den streng antikommunistischen Machthabern des Nordens für einige Monate inhaftiert, danach ließ er sich vorsichtshalber im vergleichsweise liberalen Shanghai nieder.

Mao Tse-tung machte in dieser Zeit Bauernpolitik, und der Umgang mit Bauern prägte bald viele seiner Vorstellungen von den realen Möglichkeiten der Revolution in einem Land wie China. Tschang Kuo-tao hingegen begründete 1925 im Zentralkomitee der KP neben dem von Mao gelenkten »Bauern-Department« eine besondere Abteilung für militärische Fragen.

Bald reiste er wieder nach Moskau, obwohl er zu Hause, unter anderem von Mao, parteiintern aufgefordert wurde, seine Position zu überdenken. Man sprach von Abweichungen. Aber Tschang Kuo-tao wurde von der Komintern engagiert, zusammen mit mehreren anderen Chinesen, die in Moskau politische Kurse absolviert hatten und danach bereit waren, sich in den Dienst dessen zu stellen, was Moskau dezent »Lenkung der Weltrevolution« nannte.

Tschang Kuo-tao bekam allerdings in dieser Funktion bald Streit mit sowjetischen Komintern-Mitgliedern im Exekutivkomitee, und nach drei Jahren kehrte er zurück. Aber in Shanghai traf er auf die ebenfalls heimgekehrten sogenannten 28 Bolschewiken, jene in Moskau für die Parteiarbeit im Sinne der Komintern speziell ausgebildeten jungen Chinesen, und wurde gemeinsam mit einigen von ihnen auf einen neuen Posten geschickt: in der komplizierten Phase, in der Kuomintangchef Tschiang Kai-shek seine Ausrottungsfeldzüge gegen die Kommunisten aktivierte, hatte Tschang Kuo-tao in Oyüwan, einer kommunistischen Guerilla-Basis im Grenzland von Hupeh, Honan und Anhui die politische Organisationsarbeit zu leisten.

Die Aufgabe glich der, die Mao Tse-tung in Juidjin im Djinggangshan-Gebirge löste. Aber in der Folgezeit ergab sich zwischen den beiden Guerillachefs trotzdem keine enge Zusammenarbeit, sondern eher ein ziemlich distanziertes Verhältnis.

Tschang Kuo-tao, so sagten Eingeweihte, respektiere Mao nicht, weil diesem in seinen Augen Bildung und internationale Erfahrung fehlten. Und als Mao in Juidjin im Herbst 1931 einen Kongreß aller Guerilla-Gebiete Chinas einberief, auf dem eine »Räte-Regierung Chinas« ausgerufen wurde, blieb Tschang Kuo-tao der Zusammenkunft demonstrativ fern.

Trotzdem wurde er, während man Mao zum Vorsitzenden wählte, als dessen Stellvertreter berufen. Tschang Kuo-tao blieb dem Guerillakongreß in Juidjin aber nicht nur fern, er organisierte selbst in Oyüwan eine solche Zusammenkunft, über deren Ergebnis man allerdings nur wenig hörte. Tschang ließ sich in Juidjin, wo man Mao nach und nach kaltstellen konnte, nie blicken. Er hatte anfangs demonstrieren wollen, daß er Mao, den er Vertrauten gegenüber als ungebildeten Bauern bezeichnete, nicht als Führer anerkannte. Und nun erledigte sich mit Maos Kaltstellung diese Sache von selbst. Vorerst zog Tschang Kuo-tao allerdings doch das schlechtere Los. Er wurde von den Streitkräften Tschiang Kai-sheks aus seiner Basis Oyüwan vertrieben. Bereits im Herbst 1932 mußte er westwärts ausweichen. Glücklicherweise fand er im nordöstlichen Szetchuan eine neue Zuflucht, während man in Juidjin gerade begriff, daß man Tschiangs immer wütender werdenden Angriffen auf Dauer nicht standhalten konnte, und ebenfalls den Ausbruch ins Auge faßte.

Strategisch betrachtet waren die Verbände Tschangs und Maos die kampfstärksten kommunistischen Einheiten im ganzen Land. Und sie brachten es fertig, während Maos Kolonnen sich durch den Süden kämpften, Verbindung miteinander aufzunehmen. Die Vereinigung beider Gruppen zur Erhöhung der Kampfkraft wurde formell vereinbart. Jetzt war man beieinander.

»Ob die beiden Führer sich einigen?« fragte ich Lu, als wir allein waren. »Wenn sie so verschieden sind ...«

Lu wiegte den Kopf. Er wußte keine schlüssige Antwort, es gab sie wohl auch nicht. Aber er vertraute mir an: »Ich habe gehört, Mao wird vorschlagen, die vereinigte 1. und 4. Frontarmee nach Norden in Marsch zu setzen. Da oben, an den Grenzen von Kansu, Ninghsia und Shensi gibt es die große Guerilla-Basis des 15. Armeekorps. Liu Tse-tan ist der Chef. Und von dort oben, wo die Kraft der Kuomintang nicht mehr reicht, uns ernstlich zu schaden, soll nach dem Vorschlag Maos der weitere Kampf gegen die Japaner ausgehen.«

»Du glaubst, Tschang wird mitmachen?«

Lu zuckte die Schultern. »Keiner weiß das. In ein paar Tagen beginnen Beratungen, hier in Lianghokou. Wir werden sehen, worauf sich die Chefs einigen können.«

Während die Einheiten unserer 1. Frontarmee Ruhestellungen um Mougung bezogen, ging unsere Gruppe wieder ihren ursprünglichen Pflichten nach. Wir mußten die Quartiere unserer Führer in Lianghokou bewachen, ebenso ein etwas größeres Gebäude, in dem Tische und Stühle zusammengetragen worden waren. Hier würden die Beratungen der beiden Armeeführungen stattfinden. Und auch über deren ungestörten Ablauf hatten wir zu wachen, wie damals in Tsunji. Einige Soldaten der 4. Frontarmee sollten uns bei unseren Aufgaben unterstützen.

Als sich die Oberbefehlshaber der beiden Armeen dann trafen, hatte ich Wache und außerdem das angenehme Gefühl, nach Wochen wieder einmal satt zu sein. Es hatte Hirsefladen, Gerstenkörner, Salzgemüse und sogar Tee gegeben. Den

Tee hatten Soldaten der 4. Armee bei Tibetern besorgt. Er stammte aus Nordindien und war stark und bitter.

Nun hatte ich von einem Posten der 4. Armee auch noch Tabak geschenkt bekommen, und ich konnte mich nicht erinnern, wann in der letzten Zeit ich mich zufriedener gefühlt hatte. So grüßte ich jeden der Teilnehmer an der Beratung freundlich, wenn er an mir vorbei in das Haus ging.

Da war Mao, wieder gesund, wenngleich noch etwas blaß, und sichtlich abgemagert von der langen Strecke, die er – wie wir alle – hinter sich hatte. Auch Tschou En-lai stand wieder auf den Füßen, wenn auch etwas unsicher, nachdem man ihn wegen Herzproblemen auf der letzten Etappe hatte tragen müssen. Bis man dann ein Muli besorgen konnte.

Tschu Teh marschierte mit seinem bekannten zähnefletschenden Grinsen an uns vorbei. Ihm folgten Liu Po-tscheng und einige weitere Offiziere der 1. Frontarmee. Es fehlte Li Teh. Auf Anraten Maos war der Moskauer Deutsche gleich nach der Ankunft in die Militärschule der 4. Frontarmee delegiert worden, wo er »Strategie und Taktik der 4. Armee studieren« sollte. In Wahrheit wollte Mao ihn einfach bei den Gesprächen nicht dabei haben. Dann kam Tschang Kuo-tao, auf seinem glatt gestriegelten Pferd, begleitet von zwei Leibwächtern. Seine Uniform machte den Eindruck, als käme sie gerade aus einem Magazin.

Die Türen wurden geschlossen. Wir richteten uns auf eine ruhige Wache ein.

Zuerst sprach Mao. Er begrüßte die Vereinigung der beiden Armeen. Nach einer Erholungspause sollte die 1. Frontarmee in nördlicher Richtung aufbrechen. Mao schlug vor, eine Basis im Grenzgebiet zur Mongolei zu schaffen oder ein dort befindliches Guerillagebiet als Stützpunkt der roten Streitkräfte auszubauen. Er deutete an, daß man selbstverständlich vor allem die »fremden Eindringlinge« bekämpfen müßte, womit er die Japaner meinte, daß man sich aber, solange die Führung der Kuomintang jegliche gemeinsamen Aktionen ablehne und mit ihrer militanten Kommunistenjagd fortfahre, auch der Truppen Tschiang Kai-sheks werde erwehren müssen. Alles in allem sprach er betont bescheiden, was man bei ihm nur selten erlebte. In Tsunji war er ganz anders aufgetreten.

Es gab einige Zustimmungen, dann meldete Tschang Kuo-tao seine Bedenken an. Er schlug vor, zwischen zwei Möglichkeiten zu entscheiden, wie weiter verfahren werden sollte. Er hatte sie beide ausgedacht. Als dritte würde die eben von Mao vorgeschlagene Variante zur Wahl stehen.

Erstens, so meinte er, könne man aus der gegenwärtigen Basis der 4. Frontarmee vereint in südlicher und östlicher Richtung operieren, das Gebiet vergrößern und so Tschiangs Einfluß südlich des Yangtse einschränken. Die Vorteile wären beträchtlich. Im Süden gäbe es eindeutig bessere Verpflegungsmöglichkeiten, und das Gelände sei nicht so unwirtlich, so gefährlich wie das nördlich der jetzigen Basis.

Zweitens könnte man sich in Richtung Sinkiang zurückziehen, das Guerillagebiet sozusagen westwärts verlegen, vielleicht sogar nordwestwärts. Da käme man zwar in schwieriges Gelände, und auch die Lebensbedingungen seien dort nicht gerade hervorragend. Aber man könne auf die Hilfe der Sowjetunion rechnen, die ja unmittelbar an Sinkiang grenze und die ganz sicher jederzeit substantielle brüderliche Hilfe leisten würde. Damit könne im nordwestlichen Teil Chinas eine gewaltige Konzentration revolutionärer Kräfte entstehen mit der Sowjetunion als Rückhalt. Die Perspektiven solle sich jeder selbst ausrechnen.

»Und du bist sicher, die Sowjets spielen da mit und können uns Reis und Gewehre liefern?« fragte Mao dazwischen.

Tschang Kuo-tao ließ das unbeantwortet und fuhr mit seinen Ausführungen fort. Er reagierte auch nicht auf das, was einer über die Schwierigkeiten in den Wüsten Sinkiangs einwarf.

Als drittes käme dann der Vorschlag Mao Tse-tungs in Betracht. Im Norden gäbe es zwar für den Guerillakrieg gute Chancen, aber die Lebensumstände seien dort auch extrem schlecht, und zudem führe der Marsch dorthin durch das sogenannte Grasland, ein Hochmoorgebiet, das große Verluste fordern würde, bevor man sich überhaupt auf einen Kampf vorbereiten könne. Außerdem habe die Kuomintang im gesamten Norden Chinas sehr starke Armeeverbände.

Es war der geschickten Versammlungsführung Mao Tse-tungs zu verdanken, daß man sich jetzt nicht gleich in Auseinandersetzungen über diese sehr unterschiedlichen Vorschläge verlor. Mao schnitt die Notwendigkeit der Vereinigung der beiden Armeeverbände an, und er schmeichelte dem Ego Tschang Kuo-taos damit, daß er ihn zum politischen Kommissar der vereinigten Truppen vorschlug.

Tschang fühlte sich geehrt und dachte gar nicht darüber nach, daß Mao Tse-tung, der hier scheinbar bescheiden in den Hintergrund trat, in Wirklichkeit als Chef des Politbüros der Kommunistischen Partei sein Vorgesetzter sein würde. Denn gemäß einem Beschluß von Tsunji unterstanden politische Funktionäre in der Armee den Weisungen des Politbüros, dessen Mitglied Tschang zwar war, in dem er aber eben nur eine Stimme hatte.

Tschu Teh wurde als Oberkommandierender der vereinigten Streitkräfte akzeptiert. Ohne neue Funktion blieb Tschou En-lai. Er sei, so wurde erklärt, ernsthaft erkrankt. Über die Beschlüsse von Tsunji wurde kein Wort verloren. Tschang, für den Tsunji ohnehin nicht akzeptabel war, mied das Thema. Und das war Mao sehr recht.

Einigkeit wurde auf der Beratung aber schließlich doch darüber erzielt, daß die Truppen generell nordwärts verlegt werden sollten, über Maoerhkai hinaus, in einer östlichen und einer westlichen Marschkolonne, und zwar in ihrer »vereinigten« Form.

Diese Vereinigung reduzierte sich bei genauerem Hinsehen auf eine Anzahl formaler Veränderungen im Offizierskorps. Außerdem wurde eine Anzahl kleinerer Einheiten der 1. Frontarmee nun der Westgruppe zugeteilt, die Tschu Teh und Tschang Kuo-tao führten, hingegen kamen einige Einheiten der 4. Frontarmee zur Ostgruppe, die Mao Tse-tung mit Lin Piao und Peng Teh-huai führte.

Als Ziel wurde beiden Gruppen ziemlich vage der Vorstoß in die Gegend von Sungpan vorgeschlagen, einer Ortschaft hundert Kilometer nordöstlich von Maoerhkai. Dort hatte Tschiang Kai-shek, wie Aufklärungsberichte besagten, inzwischen Truppen konzentriert, die für die kommunistischen Armeen den Weg nach Norden blockieren sollten. Es sei vordringlich, diese Barriere zu zerschlagen, bevor man sich endgültig entscheide, wohin letztendlich der Marsch gehen solle.

Mao Tse-tung entschied für seinen Teil bereits nach den ersten Vorschlägen, die erstaunlich gut ausgerüsteten Truppen Tschiangs bei Sungpan nicht anzugreifen, sich hier eben nicht auf ein kräftezehrendes Gefecht einzulassen. Es war ohnehin die Strategie der Guerillaverbände, keinesfalls jedes Gefecht anzunehmen, in das der Gegner sie gern verwickelt hätte. Nein, die Guerilla hatte dem Gegner vorzuschreiben, wann und wo gekämpft wurde! Mao ließ Peng Teh-huai mit einigen Sperrverbänden vor Sungpan zurück. Sie würden sich langsam absetzen. In Maoerhkai berief er, als die Westgruppe mit Tschang Kuo-tao und Tschu Teh marschbereit stand, eine weitere Beratung ein. Sie fand in dem nur wenige Kilometer von Maoerhkai entfernten, verlassenen Lamakloster Shuma statt. Und hier zeigte sich, daß die Meinungsverschiedenheiten zwischen den beiden Oberbefehlshabern so leicht nicht zu beseitigen waren, obwohl es beide vermieden, den Konflikt auf die Spitze zu treiben.

»Wir werden uns bei Sungpan nicht auf eine Rauferei mit Tschiangs Truppen einlassen«, erklärte Mao Tse-tung. »Wir wollen unsere Kräfte nicht verschleißen, ehe es in die Entscheidung geht. Wir halten uns weiter westlich, umgehen den Gegner und schwenken dann langsam nach Osten ein.«

Dagegen wandte Tschang Kuo-tao ein, er habe eine bessere Trasse im Auge, sie verlaufe aber viel weiter westlich und wäre sicherer als das sumpfige Grasland, das Mao durchqueren wolle. Die sogenannte Ostgruppe werde auf diesem Wege nur wieder, wie schon auf ihrem langen Marsch aus dem Süden herauf, ihre Kräfte verschleißen, und die Disziplin werde weiter sinken. Was ihn und die Westgruppe betreffe, so werde er seinen eigenen Weg gehen.

Obwohl Tschangs Bemerkungen einer Überlegung wert gewesen wären, wurden sie von Mao zurückgewiesen, unter anderem mit dem ironischen Hinweis darauf, daß das gesamte Territorium, in dem sich die 4. Frontarmee ausgebreitet hatte, vorher von Angehörigen nationaler Minderheiten bewohnt gewesen sei. Er habe aber hier keinen einzigen Tibeter gesehen, keinen Miao oder Yi. Ob es denn als besonderes Zeichen von Disziplin der 4. Frontarmee zu bewerten sei, daß alle diese rechtmäßigen Bewohner der Gegend verjagt worden wären.

Obwohl ihm Tschang scharf antwortete, vertiefte Mao dieses Problem nicht. Er war entschlossen, den Streit mit dem geltungsbedürftigen Oberbefehlshaber der 4. Frontarmee nicht bis zu einem Punkt zu treiben, von dem ab keine Verständigung oder Zusammenarbeit mehr möglich sein würde. Er hatte sich damit abgefunden, daß Tschang Kuo-tao mit der Westgruppe seinen eigenen Weg nehmen würde. Wichtig war, daß er sich einverstanden erklärte, ebenfalls früher oder später zu Maos Gruppe zu stoßen und sich im Guerillagebiet von Schensi – Kansu – Ningsia wieder mit ihm zu vereinigen.

»Du bist Tag und Nacht bei ihm«, schärfte Mao seinem alten Vertrauten Tschu Teh ein, als er ihn in einer Konferenzpause allein sprechen konnte. »Unternimm alles, damit es früher wird, nicht später. Er muß bei der Abmachung bleiben. Du wirst zum militärischen Kommandeur unter seinem politischen Kommando ernannt. Gib acht, daß sein Sonderweg nicht ins Chaos führt.«

Die Abmachung, von der Mao zu Tschu Teh sprach, war der gemeinsame Kampf der 1. und 4. Frontarmee gegen die Japaner und gegen die Kuomintang, solange deren Führer die Ausrottung der Kommunisten für wichtiger hielt als die nationale Selbstbehauptung. Das hieß weiterhin Bürgerkrieg, denn Tschiang Kai-shek würde nicht nachgeben.

Es war ein merkwürdiger Kompromiß, der in Maoerhkai zwischen den beiden führenden Persönlichkeiten der militärischen kommunistischen Kräfte Chinas geschlossen wurde. Aber Mao Tse-tung gab sich damit vorerst zufrieden. Er wußte etwas mehr, als Tschang Kuo-tao im Augenblick wissen konnte: Tschu Teh hatte über Funk eine Nachricht aus Moskau aufgefangen, wo es täglich neue Meldungen über die blutige Abrechnung Stalins mit angeblichen Verrätern hagelte, die zu den ältesten Kommunisten des Landes gehörten. In Wirklichkeit hatten sie keinen Verrat begangen, sondern sich vielmehr gegen die zu immer schlimmeren Auswüchsen neigende Alleinherrschaft Stalins über die Sowjetgesellschaft gewandt. Die Meldung, die Tschu Teh seinem Freunde Mao Tse-tung zusteckte, kam von dem zur selben Zeit in Moskau tagenden Exekutivkomitee der Kommunistischen Internationale. Dort war von den chinesischen Vertretern, die freilich schon sehr lange Zeit die Heimat nicht mehr gesehen hatten, wieder ein »Aufruf an das ganze chinesische Volk über den Widerstand gegen Japan und die Rettung der Heimat« verfaßt worden. Dieser Appell sprach erneut von der »Zurückstellung aller internen Streitigkeiten mit der Kuomintang im

Interesse des gemeinsamen Kampfes gegen den Eroberer Japan«. Eine »Vereinigte Volksregierung der nationalen Verteidigung« sollte gegründet, »Vereinigte antijapanische Streitkräfte« sollten gebildet werden. Das waren durchweg illusionäre Vorstellungen, angesichts des blutigen Bürgerkrieges, der im Lande tobte. Die als Vertreter der Kommunistischen Partei Chinas in Moskau Weilenden hatten jegliches Gespür für die Vorgänge in der Heimat verloren.

Mao Tse-tung lachte laut, als er die Nachricht las. Es würde wohl lange dauern, bis Moskau über den Schatten seiner Eigeninteressen sprang, die ihm die klare Sicht auf das trübten, was in China wirklich vorging. Solange sich das so verhielt, würde es in der Führung der kommunistischen Bewegung Chinas zwei gegensätzliche politische Vorstellungen geben: eine, die der Realität verpflichtet war, und eine, die sich aus blindem Gehorsam gegenüber Moskau und aus Opposition zu den Realisten zum Sprachrohr Stalins machen ließ.

Wenige Tage nach der zweiten Beratung in Maoerhkai rückten die beiden Marschsäulen in verschiedene Richtungen ab. Für eine längere Zeit würde man aber noch über Funk Verbindung halten.

»Kämpfer Hung, zum Kommandeur!«

Als mich der Ruf, von der Spitze der Kolonne erreichte, war ich gerade damit beschäftigt, Hirsekörner, die ich vor dem Abmarsch in meine Tasche gestopft hatte, in Schneewasser ein wenig aufzuweichen. Sie trocken zu kauen, um den grimmigsten Hunger zu betäuben, war nicht ratsam, denn ich merkte, daß meine Zähne wieder locker wurden. Die gleiche Erscheinung hatte ich schon einmal im Süden erlebt, als wir ebenfalls hungerten und zudem kaum Trinkwasser hatten.

»Ja, ich komme!« antwortete ich. Aber ich wartete noch einige Minuten, bis ich aufbrach. Dabei wärmte ich das

Schneewasser mit den Körnern in der kleinen Blechbüchse mit beiden Händen, bis ich endlich glaubte, die Hirse sei genug aufgequollen, ich zerkaute sie mit den lockeren Zähnen, so gut es ging, fischte auch den letzten Rest noch aus der Büchse, dann lief ich an der Kolonne vorbei nach vorn. Wir waren nach dem Aufbruch aus Maoerhkai durch eine gebirgige Region gezogen, in der es sich aber recht gut marschierte, wenn man davon absah, daß jeder von uns schwer zu tragen hatte. Außer Waffen und Munition schleppten wir Wasserkanister und Säcke mit Gerste, Decken für kalte Nächte und sogar Sättel für Pferde, die wir irgendwo einzufangen gedachten. Einen Spaten hatte ich tagelang über der Schulter getragen und war froh gewesen, als ich ihn an den nächsten Träger los wurde. Schon bald waren wir auf die Hochebene gekommen, auf der wir uns jetzt noch befanden. »Die nasse Hölle«, nannte es Lu, aber im Gegensatz zu unseren Vorstellungen über die Hölle war es auf dieser Hochebene auch noch bitter kalt. Viertausend Meter über dem Meer. Die dünne Luft machte uns zu schaffen, und wir kamen an manchen Tagen kaum voran.

Zuerst dachten wir, auf der satten Grasnarbe müsse es sich marschieren wie auf einem Teppich. Aber nach den ersten Schritten brachen wir mit den Füßen durch die nur zentimeterdicke Trockenschicht, unter der schwarzes Sumpfwasser aufquoll. Mancher Unvorsichtige brach bis zu den Hüften ein, schrie um Hilfe, und Kameraden mußten ihn wieder aufs Trockene ziehen. In einigen Fällen kamen die Helfer zu spät und der Mann verschwand spurlos in der tückischen Brühe, bevor man ihn packen konnte. Auch Lasttiere erwischte es.

Fährtensucher wurden vorausgeschickt, die auf der trügerischen Oberfläche die begehbaren Stellen ausfindig machten und markierten. Und das alles spielte sich bei nahezu pausenlosen Regenfällen oder Schneeschauern ab, die uns so durchnäßten, daß immer mehr Leute krank wurden, mit Fieber liegenblieben, sich zu Tode husteten.

In den Nächten schmiegten wir uns aneinander, um uns gegenseitig gegen Kälte und schneidenden Wind zu schützen.

Mao Tse-tung hing auf seinem Maulesel; er schien wieder Fieber zu haben. Auch Li Teh, den Deutschen von der Komintern, hatte man auf ein Lasttier setzen müssen. Die Kräfte drohten ihn zu verlassen.

Durch den Gegner waren wir nicht gefährdet, was wir als den einzigen Vorteil dieser Route empfanden, denn Truppen würde die Kuomintang nie hier herauf schicken, und für Flugzeuge waren viertausend Meter zu hoch, um Angriffe zu fliegen.

Den letzten Teil der Strecke zur Spitzenkolonne mußte ich von einer trittfesten Stelle zur anderen springend zurücklegen. So kam ich völlig außer Atem bei Lu an, der neben dem Kommandeur unserer Abteilung stand und durch dessen Fernglas die Gegend musterte.

Vor uns fiel das Gelände steil ab. Es gab plötzlich Bäume und Büsche. In weiter Entfernung, tief unten in der Ebene, standen Häuser.

»Kleine Ortschaft«, konstatierte Lu. Der Kommandeur, der eine Karte studierte, sagte: »Es muß Bassi sein.«

Lu murmelte, ohne das Glas abzusetzen: »Sieht bewohnt aus.«

Dann wurde er auf mich aufmerksam, musterte mich scharf und wollte wissen: »Bist du noch einigermaßen bei Kräften, Matrose?«

Ich sagte, es ginge so.

»Durchfall?« erkundigte sich der Kommandeur. »Nicht mehr als die anderen. Wovon auch! Wer nichts zu essen hat, bei dem kann auch nichts durchfallen!«

Sie lachten beide nicht. Der Kommandeur fragte weiter: »Fieber gehabt?«

»Nein.«

Lu erklärte ihm. »Er hält eine Menge aus. Seefahrer sind harte Burschen.« Mich forderte er auf, mir das Glas hinhaltend: »Sieh dir das Nest da unten an und sag uns, ob du dich traust, es aufzuklären. Wir brauchen einen Aufenthalt. Möglichst ohne in der Nacht massakriert zu werden.«

Ich besah mir die Gegend, und ich bekam nach dem tückischen Grasland den Eindruck, da vorn liege das Paradies. Grüne Baumkronen, Gras. Am Himmel ein paar malerische Federwolken. Der Herbst war eine schöne Jahreszeit in dieser Landschaft, nicht mehr drückend heiß, auch nicht kalt, wie auf den Moorflächen des Hochlandes.

»Warum sollte ich mir das nicht zutrauen?« sagte ich forsch, als ich Lu das Glas zurückgab.

Der Kommandeur instruierte mich eingehend, daß wir zur Regeneration unserer Kräfte mehrere Tage brauchen würden. Ruhige Tage. Ohne Überfälle. Ohne Kuomintangsoldaten.

»Sprich mit den Leuten. Am besten mit dem Ältesten des Ortes. Meiner Information zufolge gehört die Bevölkerung hier zu den tibetischen Stämmen. Wir haben Geld. Können bezahlen. Und du kennst unsere Disziplingebote – wir werden nichts anrühren, was uns nicht gehört, es sei denn, man schenkt es uns. Oder wir können es kaufen.«

Als er mir alles gesagt hatte, was er für wichtig hielt, forderte mich Lu auf: »Such dir ein halbes Dutzend Männer aus. Und schicke einen zurück mit der Nachricht, ob wir es wagen können.«

»Wir müssen es wagen!« rief der Kommandeur. Nach dem, was ich gesehen hatte, als ich die Kolonne entlang lief, gab ich ihm recht. Also suchte ich mir Männer aus, die noch bei Kräften waren.

Es war Bassi. Eine unbeschädigte Ortschaft mit einem Lamakloster. Die Einwohner gehörten zu den im tibetischen

Gebiet lebenden Minderheiten. Aber sie waren nicht feindlich wie ihre Stammesbrüder weiter südlich. Auf den Feldern wuchs die zweite Ernte. Obstbäume trugen reife Früchte. Weiden mit Kühen und Schafen gab es, und nicht wenige Leute ließen durchblicken, daß sie uns Vieh verkaufen würden – gegen die Münzen der alten Silberwährung, die wir ihnen zeigten, und die sie durch Daraufbeißen auf Echtheit prüften.

Nachdem wir uns vergewissert hatten, daß es auch in der unmittelbaren Umgebung weitere kleine Ortschaften gab, die als Quartiere dienen konnten, schickte ich einen Melder zurück.

Zwei Tage später zogen die Soldaten in Bassi und die anderen Dörfer ein. Ich hatte mit den sehr zugänglichen Lamas ausgemacht, daß unsere Kommandeure in ihrem Kloster Quartier nehmen konnten. Das war gar nicht so ungewöhnlich, denn seit jeher boten Lamaklöster Reisenden stets eine einladende und dabei billige Unterkunft.

Es war Abend, als der Stab mit Mao Tse-tung und Peng Teh-huai einzog und der Funker, nachdem die Träger das schwere Gerät abgestellt hatten, sogleich den Betrieb aufnahm.

Ich suchte Lu. Er hatte es sich unter dem Wetterdach eines reichen Bauern bequem gemacht. In ein paar Wochen würde die Ernte unter diesem Dach liegen. Jetzt diente es unserer Kompanie als Unterkunft.

Aber wir hatten uns kaum ausgestreckt, als wir von Rufen nach dem Kompaniechef aufgeschreckt wurden. Er solle ins Kloster kommen, sofort!

Wir fanden ihn in einer Ecke des Hofes, splitternackt. Ein Diener des Bauern goß ihm gerade Wasser über den Kopf, während er sich genußvoll wusch. Er hörte mürrisch damit auf, trocknete sich ab und machte sich auf den Weg.

Wieder waren wir gerade eingeschlafen, als wir von seinem Fluchen geweckt wurden. Er warf sich auf seinen Platz, und als Lu sich nach dem Grund für seinen Ärger erkundigte, erzählte er mürrisch, welche Neuigkeit eben über Funk eingegangen war. Tschang Kuo-taos Westgruppe war bis zu der kleinen Ortschaft Abba gekommen, etwas südlich der Provinzgrenze zu Tjinghai. Hier gab es einen um diese Jahreszeit durch Unwetter stark angeschwollenen Fluß, der sich als nicht überbrückbar erwies.

Da das südliche Vorgelände des Flusses aus sumpfigem Grasland bestand, in dem die Kolonne weder kampieren noch Nahrungsmittel auftreiben konnte, war kurzerhand beschlossen worden, umzukehren und in Richtung Mougung und Maoerhkai zurückzumarschieren. Den Winter wollte die Westgruppe in sicheren Gegenden auf Sikang zu verbringen.

Lu fragte den erbosten Kompaniechef: »Die Entscheidung von Tschang Kuo-tao?«

Der Kompaniechef nickte. »Er wollte ja sowieso nie so recht aus seinem Schlupfwinkel heraus.«

»Und Tschu Teh macht das mit?«

Darauf blieb der Kompaniechef ihm längere Zeit die Antwort schuldig. Bis er schließlich knurrte: »Was soll der wohl machen? Er kann ihn nicht erschießen, er ist Politbüromitglied. Alles was er tun kann, ist, ihn nach und nach zum Verlassen der Schlupfwinkel zu bewegen, am besten auf unserer Route.«

Ziel: Schen-kan-ning

Als Lu bei mir eintraf, konnte ich ihm Tee anbieten. Er staunte, aber er begriff dann doch, daß wir zu Menschen gekommen waren, die uns nicht mehr absolut feindlich gesinnt waren, und die bereitwillig Lebensmittel an uns verkauften. Wenn wir auch das luftgetrocknete Fleisch, das hart wie Wurzelholz war, mit unseren von der kümmerlichen Ernährung locker gewordenen Zähnen nicht kauen konnten, so nahmen wir es doch, schabten es und genossen die in heißem Wasser schwimmenden Fasern, die uns neue Kräfte verleihen sollten.

»Ein Zauberland, in das wir da gekommen sind!«, schwärmte Lu, während er den Tee schlürfte, aus einer Schale, die unserem Gastgeber gehörte, einem Bauern, der immer wieder von uns wissen wollte, ob es denn wahr sei, daß wir, wenn wir die Macht im Lande bekämen, allen Bauern ihre Habe wegnehmen würden.

Lu hatte Wachdienst gehabt. In einem Speicher etwas nördlich der Ortschaft Bassi tagte die Führung unserer 1. Frontarmee. Obwohl es noch keine offiziellen Verlautbarungen gab, wußten wir von den Agitatoren allerlei Einzelheiten

So hatte Tschang Kuo-tao, der über Funk immer noch mit unserer Führung in Verbindung stand, dieser eigenmächtiges Handeln und Verrat vorgeworfen und erklärt, er werde künftig keinerlei Weisungen befolgen, die nicht direkt von der

Komintern kämen oder zumindest von ihr sanktioniert seien. Im übrigen habe er bei seiner Marschgruppe ein eigenes Zentralkomitee samt Politbüro gegründet, das er als einzige Autorität anerkenne.

Die Teilnehmer der Beratung hätten ihn für dieses Vorgehen kritisiert. Sein Hinweis auf die Komintern rief bei den Kommandeuren der 1. Frontarmee Heiterkeit hervor. Insgesamt wurde sein Verhalten verurteilt, man sprach von Spaltung.

Mao Tse-tung hatte dann darauf verwiesen, daß schließlich Tschu Teh nicht rein zufällig bei der 4. Frontarmee Tschangs geblieben sei und mit ihm eine Reihe zuverlässiger Offiziere. Ihre Aufgabe sei es, diesen eitlen und von sich selbst überzeugten Tschang Kuo-tao wieder auf den rechten Weg zu bringen, auch wenn es etwas Zeit in Anspruch nähme. Er nannte das »Umerziehung« und dabei lächelte er auf eine Art, die den anderen verriet, daß er Tschangs Verhalten schon im voraus geahnt und gerade deshalb den alten, disziplinierten Kämpfer Tschu Teh bei ihm zurückgelassen hatte.

Auch über die schwindende Mannschaftsstärke der 1. Frontarmee war gesprochen worden. Etwa 9 000 Kampffähige gehörten ihr noch an, und es wurden durch Beschluß der Beratung verschiedene stark dezimierte Einheiten zusammengelegt. Peng Te-huai sollte die Armee von nun an führen. Mao Tse-tung behielt sich das Amt des politischen Kommissars und des Parteivorsitzenden vor.

Als Ziel unseres Marsches wurde endgültig das Guerillagebiet im Bereich der Provinzen Schensi-Kansu-Ningsia festgelegt, in dem beachtliche kommunistische Militärkräfte versammelt waren, die Tschiang Kai-shek bisher vergeblich zu vernichten versucht hatte.

Der junge Liu Tschi-tan, ein in Schensi beheimateter Guerillakommandeur, hatte das Gebiet begründet, und jetzt standen dort etwa 5 000 Mann unter Waffen, gut ausgebildet und ausgerüstet. Erst unlängst war Verstärkung gekommen. Das 25. Rote Armeekorps unter Hsu Hai-tung kämpfte sich von Süden her durch und vereinigte sich mit Lius Truppen. Eine willkommene Verstärkung, zumal im 25. Armeekorps viele Jugendliche dienten. Mao Tse-tung rechnete kühl. Mit seiner 1. Frontarmee und den im Guerillagebiet vorhandenen Kräften würde eine Armee entstehen, die sich nicht mehr vor den Truppen Tschiang Kai-sheks zu fürchten brauchte. Erst recht nicht, wenn es Tschu Teh schließlich doch gelang, mit der 4. Frontarmee nachzukommen, ob Tschang Kuo-tao das gefiel oder nicht. Das Guerillagebiet würde weit stärker sein als das von Djinggangshan, das man hatte aufgeben müssen. Nachrichten besagten, Hsu Hai-tung habe mindestens 7 000 Kämpfer aus dem Süden heraufgeführt. Die Kuomintang würde sich sehr zu überlegen haben, ob sie sich mit diesem Potential anlegte. Über ein halbes Dutzend Landkreise umfaßte allein das befreite Gebiet. Aber auch im weiteren Umkreis war es der Kuomintang nicht gelungen, festen Fuß zu fassen, abgesehen von einigen wenigen Stützpunkten und einzelnen Amtsvorstehern, die in den Nächten um ihr Leben zitterten.

Mao hatte Kundschafter vorausgeschickt, um seine Ankunft zu signalisieren. Noch hatte er keine Antwort. Er wußte auch nicht, daß Hsu Hai-tung mit einem Truppenkontingent bereits auf dem Marsch zu ihm war und daß er in den Rücken der Truppen des Kuomintanggenerals Hu Tsung-nan stieß, den Tschiang Kai-shek beauftragt hatte, die Kräfte Maos auf dem letzten Marschabschnitt, den etwa tausend Kilometern zwischen dem Grasland und dem Schensi-Kansu-Ningsia-Gebiet, endlich zu stellen und zu vernichten.

Lu guckte mit einem melancholischen Gesichtsausdruck in die leergetrunkene Schale und murmelte andächtig: »Tee!

Hsu Hai-tung,
Kommandeur des 25. Armeekorps, kam der Kolonne des Langen Marsches auf der letzten Etappe aus Jenan entgegen und griff Kuomintangeinheiten im Rücken an, die sie überfallen wollten.

Was für ein Schatz! Wenn wir gesiegt haben, will ich jeden Tag Tee trinken.«

Die Soldaten unter dem Schutzdach ruhten erschöpft aus. Aber nur wenige konnten schlafen. Die Erlebnisse der letzten Wochen, als das Leben so oft an einem seidenen Faden hing, ließen sich nur langsam durch Schlaf verdrängen. Man sprach miteinander. Überall wurden Episoden, die sich ins

Bewußtsein gegraben hatten, erzählt, während Tabakwölkchen in die sanfte Frühherbstluft stiegen.

»Weißt du noch, wie wir beide auf diesem Grasbatzen standen, der immer tiefer in die schwarze Jauche absackte ...?«

»... als es Ling erwischte. Er schrie noch, als er versank. Aber es ging alles so schnell...«

»Eine Nacht vorher haben wir Rücken an Rücken im Stehen geschlafen, weil es gerade für vier Füße festen Halt gab ...«

»Bo-san warf mir noch sein Gewehr zu, als er schon bis zur Brust versunken war ...«

»Das erinnert mich an Wen-bao, den bei der Luting-Brücke die Kugel erwischte. Er winkte mir, ich solle sein Haumesser übernehmen. Echter Stahl...«

Manches Wort hing schwer in der Stille, die ihm folgte. Dann wieder gab es Gelächter, wenn ein Mißgeschick berichtet wurde. Mancher schwieg auch, dachte nur nach, still in sich gekehrt. Und es gab jene, die, während die anderen erzählten, in einen Schlaf sanken, der erfüllt war von schweren Träumen, die den Schweiß aus der Haut trieben.

Die Agitatoren kamen. Politische Lehren wurden in dieser Armee freizügiger verteilt als Reisportionen. Meist war es die Zukunft, von der die Agitatoren schwärmten. Man würde sich in ein sicheres Gebiet zurückziehen und den Kampf gegen die ins Land eingedrungenen Japaner aufnehmen, sobald man konnte. Und die Kuomintang würde man dazu zwingen, das ebenfalls zu tun. Oder sie in die Hölle jagen, wenn sie sich weiter weigerte, mit den Revolutionären gemeinsam zu kämpfen.

Man würde eines Tages in China den Sozialismus errichten, die Gesellschaftsform, die jedem Arbeit und Brot sichere, den armen Bauern Land und den Kindern Bildung. Und man würde die Plagen der Menschheit beseitigen, den Hunger, die Epidemien, es würde Ärzte für die Armen geben, und am Eingang des Parks würden keine Schilder mehr stehen, mit der Aufschrift: »Für Chinesen und Hunde ist der Zutritt verboten!«

Man würde die Korruption beseitigen und die Prostitution, und man würde … man würde … man würde …

Es galt als Ehrensache, bei solchen Vorträgen nicht etwa einzuschlafen. Aber die Agitatoren waren so klug, daß sie die bereits schlafenden Soldaten nicht wecken ließen, und die ließen sich durch die Zukunftsmalereien, so prächtig sie auch ausfielen, nicht aus ihren schweren Träumen voller Schlamm und Wüstensand, voller Blut und toter Kameraden reißen.

Als der Befehl zum Weitermarsch kam und die Hornisten zum Sammeln bliesen, waren Lu, der Mann aus Shanghai, und sein Freund Hung, der nicht selten von den anderen »He, Seemann!« gerufen wurde, noch auf Posten vor dem Quartier Mao Tse-tungs. Der hatte sich entschlossen, die letzten tausend Kilometer, die vor der 1. Frontarmee lagen, zu Fuß zurückzulegen. Er war wieder einigermaßen gesund. Sein umfangreiches Gepäck, das zumeist aus Büchern und Stapeln von Papier bestand, transportierten mehrere Maultiere.

Li Teh ritt. Man hatte dem Kominternmann ein Pferd besorgt. Er war sehr froh darüber, denn seine Füße waren geschwollen, und die gerade überwundene Malaria hatte ihn arg geschwächt. Er war unzufrieden mit sich und der Welt. Kein Wunder, denn er brachte es nicht fertig, den störrischen Mao Tse-tung zum Befolgen der Richtlinien zu bewegen, die aus Moskau kamen. Sobald er versuchte, mit ihm über eine von Moskau gewünschte Kooperation mit der Kuomintang zu reden, breitete Mao die Arme aus und schlug ihm grinsend vor: »Gut, mein Freund, geh auf sie zu! Sprich mit ihnen. Schlage ihnen vor, sich mit uns zu vereinigen. Aber – denk daran, über deinen Kopf zu bestimmen, den sie uns zurückschicken werden, du weißt schon …«

Der Mißerfolg hatte Li Teh entmutigt. Eigentlich wußte er, daß Mao recht hatte. Doch das würde er Moskau nie verständlich machen können. In dem »Kramladen«, wie Stalin abschätzig die Komintern bezeichnete, würde man ihn als unfähig betrachten, denn als man ihn beauftragte, hatte man ihm stets versichert, es werde leicht sein, einen ungebildeten Bauernlümmel wie diesen Mao Tse-tung dazu zu bringen, die Weisungen aus dem Zentrum der Weltrevolution zu befolgen. Nun erwies sich allerdings, daß dieser »Bauernlümmel« gar nicht so dumm war, und außerdem nicht bereit, Weisungen aus Moskau über seine eigene Urteilsfähigkeit zu stellen. Außerdem hatte Li Teh einsehen müssen, daß Mao zumindest ebenso viele Tricks und intrigante Winkelzüge beherrschte, wie Stalin.

Ob sie mich vielleicht sogar als Verräter aburteilen? Ein in der Sowjetunion dieser Tage nicht gerade ungewöhnlicher Vorgang. Li Teh sehnte einerseits das Ende dieser für ihn erniedrigenden Zeit in China herbei. Aber gleichzeitig fürchtete er sich vor dem Tag, an dem er vor seine Auftraggeber in Moskau zu treten und Rechenschaft abzulegen hatte.

In den ersten Tagen führte der Weg durch kultivierte Landschaften. In der Ferne sah man Dörfer. Keine gegnerischen Truppen. Ein eisiger Fluß kreuzte den Weg. Dann zogen die Soldaten durch das Vorgelände des Minshan, des nächsten Gebirgszuges, der zu überwinden war. Auf dem Kamm lag schon Schnee. Ein Offizier rief am Eingang eines schmales Paßweges aus: »Vor uns liegt Kansu!«

Die 1. Frontarmee passierte nach Tagen die schmalen Felswege, die durch eine weitere Bergkette verliefen, als die Aufklärer meldeten, der nächste Paß sei von regulären Kuomintangtruppen besetzt. Es gäbe in den Felsen, hoch über dem Latsekou-Paß, der den Weg ins Tal öffne, MG-Nester, Granatwerferstellungen, und es wimmle von gegnerischen Soldaten.

Peng Teh-huai ließ in gebührender Entfernung halten und aufschließen. Der Paß war auf den ersten Blick nur frontal anzugreifen. Doch Peng Teh-huai begnügte sich nicht mit einem ersten Blick. Er ließ zwei Kampfgruppen zusammenstellen, die aus allem verfügbaren Material, sogar unter Zuhilfenahme von Wickelgamaschen lange Seile herstellten, mit deren Hilfe sie die steilen Felswände vor dem Paß erklettern konnten, und er schickte sie sofort auf den Weg.

Ein Tag verging. Noch einer. Dann kam die Meldung, die beiden Gruppen hätten ihre Ausgangspositionen erreicht. Der Angriff begann. Aber während der Latsekou-Paß frontal berannt wurde, von todesmutigen Männern, während die beiden Kampfgruppen aus der Höhe Felsbrocken auf die Verteidiger hinabrollten, die die MG-Nester zerschlugen, krepierten plötzlich zwischen den Kuomintangstellungen Artilleriegranaten.

Die Verteidiger gerieten in Panik. Sie hatten weder mit Felsbrocken aus der Höhe gerechnet, noch mit Granaten, die offenbar aus ihrem eigenen Hinterland kamen.

Ohne zu wissen, was sich im Hinterland des Gegners abspielte, nutzte Peng Teh-huai die Chance. Er ließ den Paß so zügig stürmen, daß die gegnerischen Soldaten in panischer Flucht das Weite suchten und nicht einmal ihre Waffen mitnahmen.

Es war eine beschämende Flucht, zumal es sich um eine Vorauseinheit der besten Kuomintangdivision in der 1. Armee unter dem berühmten Kommandeur Hu Tsung-nan handelte. Peng Teh-huai nahm zuerst an, das Feuer aus dem Rücken der gegnerischen Truppen sei auf einen Fehler ihrer eigenen Artillerie zurückzuführen. Aber er hielt sich nicht mit langen Überlegungen auf. Nachhuten wurden beauftragt,

Stab der 1. Frontarmee nach der Ankunft in Jenan.
Zweiter v. links der Kommandeur Peng Teh-huai.

die zurückgelassenen Waffen einzusammeln, und das Gros
der 1. Frontarmee stieß in Richtung auf die Stadt Landschou
vor, die im Tal lag.

Es gab keine nennenswerte Gegenwehr. Und die Einwohner flohen eigenartigerweise nicht vor der heranziehenden
kommunistischen Streitmacht.

»Was ist da geschehen?« fragte Hung nach einigen Tagen,
als sie gerade in eines der Dörfer in der Ebene einzogen, Lu.
»Sie schneiden Melonen für uns auf. Sehe ich recht? Oder ist
das eine Fata Morgana?«

Weder Lu noch Hung konnten sich zunächst erklären,
warum ihnen hier nicht das tiefe Mißtrauen entgegenschlug,
das sie so oft im Süden erlebt hatten, zumal es sich um mos-
lemische Siedlungen handelte und das Verhältnis der Mos-
lems zu Kommunisten gelinde gesagt nicht freundlich war.

Offiziere der 1. Frontarmee nach ihrer Ankunft in Jenan. Sie sind neu eingekleidet, haben sich von den Strapazen erholt und sind damit beschäftigt, ihre Einheiten, die hohe Verluste hatten, wieder mit Freiwilligen aufzufüllen.

Aber nach und nach begriffen sie, daß sie nicht die ersten Revolutionstruppen in dieser Gegend waren. Ein neues Rätsel, nach dem Feuer auf dem Latsekou-Paß.

Das Mysterium löste sich in Minhssiän.

Es war gegen Ende September, als die Voraustrupps der 1. Frontarmee plötzlich Reiter entdeckten, die ihnen entgegenkamen. Zunächst gab es einige Aufregung, aber man erinnerte sich daran, daß man erst unlängst, hinter dem Latsekou-Paß noch eine Attacke von Kuomintang-Kavallerie zurückgeschlagen hatte. Also bereitete man sich auf den Empfang des Gegners vor. Doch da kam der Befehl, nicht zu schießen.

»Sie haben rote Fahnen dabei!«, beobachtete einer.

Ein anderer rief: »Sie tragen keine Kuomintang-Uniformen!«

178

In der Tat handelte es sich bei den Reitern, die kurz vor der Stadt Minhssiän auftauchten, nicht um gegnerische Truppen, sondern um Aufklärer des 25. Korps der roten Revolutionsarmee, die in Kansu und Schensi operierten und zu den Kräften des befreiten Gebietes bei Jenan und Baoan gehörten.

Auch die Kavalleristen stutzten erst einmal, als sie die Soldaten der 1. Frontarmee entdeckten, aber das dauerte nur kurz, denn eigentlich waren sie ja unterwegs nach Westen, um genau diese Truppe zu treffen. Sie sprangen von den Pferden, und wenig später gab es Jubelgeschrei und Umarmungen. Tabakwölkchen stiegen auf, man begrüßte sich, erzählte. »Wir sind sozusagen nur ein Suchtrupp«, erklärte ein stämmiger Reiter. »Noch habt ihr viele Kilometer Weg vor euch, bis ihr im befreiten Gebiet seid. Aber von jetzt ab werden wir immer unsichtbar neben euch sein und aufpassen, daß der Gegner den Schwanz einzieht. Wie oben am Latsekou-Paß, als wir ihnen von hinten einheizten.«

Nördlich von Minhssiän lagen Hu Tsung-nans Truppen in einer Riegelstellung, um Landschou zu schützen, die große Stadt. Das erklärte ein Offizier Peng Teh-huai. Doch dieser wollte Landschou gar nicht erobern. Man zog in Minhssiän ein, wo es keinen Widerstand gab. Aber man hielt sich hier nicht lange auf. Die Führung der 1. Frontarmee entschloß sich, möglichst schnell das befreite Gebiet zu erreichen, bevor die Kuomintang erneut zuschlagen konnte.

Die Reiter des 25. Korps preschten zu ihrer Einheit zurück, wo sie General Hsu Hai-tung Bericht erstatteten. Der setzte mit seinen Truppen fortan alles daran, die weit auseinandergezogene Marschkolonne der 1. Frontarmee gegen jede mögliche Überraschung abzuschirmen. Hsu Hai-tung, ein kräftiger, noch junger Mann mit einem an Leder erinnernden Gesicht, wußte, wie ein Verband aussieht, der Tausende von Kilometern kämpfend, ohne Logistik, hungernd, frierend oder schwitzend, krank oder verletzt zurückgelegt hatte. Ihm war eine ähnliche Erfahrung nicht erspart geblieben.

Hsu Hai-tung hatte trotz seiner jungen Jahre bereits ein bewegtes Leben hinter sich. Er wurde unter Freunden »der Töpfer« genannt, denn dieses Handwerk hatte er einst erlernt, bevor ihn das Kriegshandwerk anzog.

Zuerst verdingte er sich bei einem Kriegsherrn in Kiangsi, aber er durchschaute bald, worum es dem wüsten Haufen Bewaffneter ging, und als er hörte, daß tief im Süden, in Kanton, der berühmte Sun Yat-sen nicht nur Soldaten suchte, sondern auch eine Kriegsschule unterhielt, an der die Offiziere der künftigen nationalen Streitkräfte Chinas das Waffenhandwerk lernen sollte, ging er dorthin.

Erst später, als die von Sun Yat-sen begründete Kuomintang, in ihren Anfängen eine nationale Sammlungsbewegung, in der »Rechte« wie »Linke« für Chinas Erneuerung arbeiteten, unter seinem Nachfolger Tschiang Kai-shek in feindliche Flügel aufgespalten wurde, schlug sich Hsu Hai-tung zu den »Linken«. Doch da war er bereits ein erfahrener Kommandeur.

Er stellte in seiner Heimat Hupeh eine eigene Streitmacht von siebzehn Männern auf: Sie verfügten über einen Revolver und acht Patronen.

Doch die »linke« Bewegung wuchs schnell an, und auch Hsu Hai-tungs Kräfte wurden stärker.

Als Kommandeur einer schlagkräftigen Truppe operierte er Anfang der dreißiger Jahre in dem revolutionären Stützpunkt Oyüwan, wo Tschang Kuo-tao den politischen und militärischen Oberbefehl hatte. Als dieser durch die immer stärker werdenden Angriffe der Kuomintang schließlich gezwungen war, sich westwärts zurückzuziehen, blieb der verwundete Hsu Hai-tung mit einer Gruppe Soldaten zurück und machte der Kuomintang weiter das Leben schwer.

Kurz bevor weiter südlich die revolutionäre Basis Djinggangshan geräumt wurde und der lange Marsch der dortigen Guerillas begann, verlegte Hsu Hai-tung sein Operationsgebiet in die Provinz Hupeh und schließlich nach Schensi. Er vereinigte seine Truppen mit denen des dort operierenden Liu Tse-tan. Dieser hatte ihn nun beauftragt, den von den Grenzgebieten zu Tibet kommenden Kräften Mao Tse-tungs entgegenzumarschieren und sie nach Möglichkeit sicher in das befreite Gebiet von Jenan/Baoan zu geleiten.

Noch lagen einige hundert Kilometer vor den Kämpfern. Doch es marschierte sich leichter, in dem Wissen, daß es die unsichtbaren Beschützer gab. »Hör nur, sie singen!«, machte Lu staunend seinen Freund Hung aufmerksam. Der wunderte sich, woher soviel Freude kam. Er verstand das erst, als die Nachricht durchgegeben wurde, vor der Marschkolonne läge nun der endgültig letzte Gebirgszug, auf dem die Grenze zwischen den Provinzen Kansu und Schensi verlief.

Der Oktober war schon kühl und feucht. So zündeten die Soldaten Feuer an, bevor sie den Aufstieg begannen.

Sie waren einigermaßen ausgeruht. Trotzdem mußten sie noch einmal alle Kräfte zusammennehmen, um die Liupan-Kette zu bezwingen. In sieben weit ausholenden Kurven, wie der Name es beschrieb, schlängelte sich der letzte Abschnitt des aufsteigenden Pfades bis zum Kamm empor. Von hier oben aus bot sich ein überwältigender Blick auf die Lößebene, die wie Lu seinem Freund Hung erklärte, sich bis zur großen Mauer hinzog.

»Warst du schon einmal hier«, wollte der wissen.

Der Shanghaier schüttelte den Kopf. »Habe es auf den Karten gesehen. Die Leute nutzen die Besonderheit dieser Landschaft. Graben sich Wohnhöhlen in die Hänge und leben darin.«

»Höhlenmenschen«, murmelte Hung versonnen. Dann mußten sie sich beeilen, der Abstieg begann.

Doch die Ebene am Fuße der Liupan-Kette blieb nicht so ruhig, wie sie aus der Höhe gewirkt hatte.

Die ersten hundert Soldaten waren bereits mehrere Kilometer in die so still scheinende Landschaft marschiert, als die Hölle losbrach. Woher die zahlreichen Gegner kamen, wußte nachher keiner mehr zu sagen. Es war eine perfekte Falle. Sie hatten sich teils in den Höhlen versteckt, andere lagen so dicht an den Boden geschmiegt, daß man sie in dem ungewissen Licht des Abends nicht entdecken konnte. Nun stürmten sie von allen Seiten auf die Kolonne zu. Und gleichzeitig brachen hinter einem Gehölz Kavalleristen hervor, lange Lanzen und Säbel schwingend, schreiend, um sich selbst Mut zu machen und die Gegner einzuschüchtern.

Es brauchte einige Minuten, bis die Vorhut der 1. Frontarmee, zu der an diesem Tage auch die Einheit von Lu und Hung gehörte, sich zum Gefecht formiert hatte. Und dann begann ein Kampf Mann gegen Mann.

Wenn die Kavalleristen gedacht hatten, mit dem Gegner leicht fertig zu werden, so erfüllte sich diese Hoffnung nicht. Die Soldaten der 1. Frontarmee fochten nicht zum ersten Mal gegen Berittene. Mancher hatte sich überwinden müssen, diese Art des Kampfes zu akzeptieren, denn es war im Grunde ein Kampf Mann gegen Tier. Erst wenn dem Pferd durch einen wuchtigen Schlag mit dem Gewehr oder einem Knüppel ein Vorderbein gebrochen war, wenn es stürzte, wurde der auf dem Boden liegende Reiter hilflos und konnte durch einen Hieb oder einen Schuß getötet werden. In den meisten Fällen feuerte der Fußsoldat noch einen zweiten Schuß ab. Er galt dem unglücklichen Tier.

Auf den Mut, der ihnen entgegenschlug, waren weder die Kavalleristen noch die Fußsoldaten des lokalen Befehlshabers Ma Hung-kwei vorbereitet gewesen. Nun merkten sie, daß es mit der Überrumpelung nicht klappte. Die Entschlossenheit, mit der die Überfallenen sich wehrten, nahm ihnen

den Schneid. Die ersten liefen davon, noch bevor die Offiziere den Befehl zum Rückzug gaben.

Als die ersten Schüsse aufpeitschten, warf sich Lu neben mir
zu Boden. Und als die Kavallerie heranstürmte, sprangen wir
zugleich auf, das Gewehr am Lauf gepackt, um zuschlagen
zu können. In dem Getümmel verlor ich Lu aus den Augen.
Ich sah ihn erst Minuten später wieder und ich ließ sofort von
einem Kerl ab, den sein Pferd unter sich begraben hatte.

Lu war in Not, er brauchte Hilfe. Drei Soldaten hatten ihn
umringt. Er schlug mit dem Gewehr um sich. Zeit zum Nach-
laden hatte er nicht. Und die drei Gegner verständigten sich
schnell. Plötzlich, noch bevor ich heran war, stand Lu wie
eine lebende Zielscheibe da. Die drei schossen fast gleichzeitig. Ich raste auf sie zu. Schoß im Laufen. Sah, wie sie sich,
erschrocken von meinem wütenden Schrei, zur Flucht wand-
ten. Als ich bei Lu ankam, der zusammengekrümmt am Boden lag, waren sie verschwunden.

Lu atmete nicht mehr. Wir begruben ihn gegen Morgen
mit den anderen, die in diesem letzten Gefecht gefallen waren.

»Nur noch dreihundert Kilometer«, wollte uns einer der Soldaten Hsu Hai-tungs am nächsten Abend trösten, als wir wieder lagerten. Sie waren zu spät gekommen, um uns gegen Ma
Hung-kweis Truppen zu helfen. Doch das war nicht mehr zu
ändern. Wieder einmal bewahrheitete es sich, daß zum
Kriegshandwerk neben vielen Kenntnissen und Fähigkeiten
nicht zuletzt ein Quentchen Glück gehört.

Am 20. Oktober erreichte die Spitze unserer Kolonne den
kleinen Ort Wutschitschien im Norden der Provinz Schensi.
Zu der Zeit befand ich mich als Wache wieder weiter hinten.
Ein Melder keuchte heran und teilte Mao Tse-tung mit: »Da

Jenan, Hauptstadt des kommunistischen Guerillagebietes im Nordwesten und Ziel des Langen Marsches. Von hier aus setzten revolutionäre Streitkräfte nach Ende des 2. Weltkrieges zur Eroberung ganz Chinas an und gründeten 1949 die Volksrepublik.

vorn, in der Ortschaft ... Sie machen Musik, mit Trommeln und Gongs ... zu unserer Begrüßung ...« Er kam ins Stottern. Über seine schmutzverschmierten Wangen liefen Freudentränen. »Wir ... wir sind bei den eigenen ... Leuten ... angekommen!«

Mao vergaß, ihm für die Meldung zu danken. Er rief Tschou En-lai, der nach längerer Krankheit wieder einsatzfähig war, auch den Deutschen Li Teh nahm er mit, als er nach vorn aufbrach. Sein Leibwächter Tschen Tschang-feng hatte Mühe, mit ihm Schritt zu halten.

Es war Hsu Hai-tung, der Kommandeur unserer unsichtbaren Beschützer, der uns in Wutschitschien einen lärmenden Empfang bereitete. Aber es gab nicht nur Lärm. Wir hielten plötzlich Schalen mit dampfendem Hirsebrei in den Händen. Früchte wurden uns gereicht, heißes Trinkwasser. Und immer wieder riefen die Menschen um uns herum: »Wansui!«, umarmten uns wie Familienmitglieder.

Mao Tse-tung mußte eine Rede halten. Er sprach von der Entfernung, die wir zurücklegen mußten, von den Bergen und Flüssen auf unserem Wege, von den Gefallenen, den Verhungerten, an Fieber Gestorbenen. Zum Schluß verkündete er, wir würden weiterkämpfen, bis in China endlich Chinesen regierten und die Not zu Ende wäre.

Ich dachte eigenartigerweise an das Meer, auf dem ich gefahren war, bevor mich Lu in dieses Abenteuer Revolution mitnahm. War ich klüger geworden? Hatte ich Entscheidendes vollbracht? Das Erlebnis meines Lebens gehabt? Hatte es sich gelohnt, ein Jahr lang durch das Land zu ziehen? Gejagt zu werden? Zu hungern, dem Tod so oft gegenüberzustehen. Ich dachte an Lu. Was hätte er wohl gesagt, wenn ich ihm alle diese Gedanken gebeichtet hätte?

Dann hielt mir ein Dorfmädchen eine Schale mit Tee unter die Nase, und ich griff zu.

Das Mädchen sah mich bewundernd an, bis es mir unbehaglich wurde unter ihrem Blick. Und als wolle sie mir ihre ganz persönliche Anerkennung zollen, sagte sie beinahe andächtig: »Helden ... seid ihr ... alle!«

Ich sah sie an. Sie war auf ihre Art schön. Ein rundes, schon fast mütterlich wirkendes Gesicht.

»Sind wir das wirklich?« fragte ich sie.

DATEN UND FAKTEN

Nach Angaben, die sich in Aufzeichnungen chinesischer Teilnehmer des Langen Marsches fanden, sind folgende Zahlen wahrscheinlich:

Gesamtstärke beim Abmarsch aus dem Gebiet Djinggangshan am 16. Oktober 1934: ca. 80 000 Kämpfer.
Davon ca. 50 Frauen und die gleiche Zahl Minderjährige.
Sie verfügten über ca. 40 000 Gewehre mit durchschnittlich je 60 bis 80 Patronen,
ca. 1 000 Maschinengewehre mit je 400 Schuß Munition,
2 leichte Geschütze (selbst gebaut) mit 200 Granaten.
Dazu kamen mehrere tausend selbstgefertigte Handgranaten, Tausende von Lanzen, Schwertern, Haumessern und Schlagstöcken.

Während des ein Jahr dauernden Marsches legte die 1. Frontarmee der chinesischen Kommunisten etwa 12 000 Kilometer zurück. Sie überwand 13 Gebirgszüge, überquerte 24 Flüsse, marschierte durch 12 Provinzen Chinas und eroberte etwa 60 Ortschaften, die sie meist nur für kurze Zeit besetzte.

Das befreite Gebiet von Jenan/Baoan erreichten ab 20. Oktober 1935 etwa 8 000 Kämpfer, von denen etwa 2 500 erst unterwegs zu der Truppe gestoßen waren.
Nicht alle, die Jenan nicht erreichten, waren tot. Ein beträcht-

187

licher Teil wurde krank oder verletzt in der Obhut von Sympathisanten unterwegs zurückgelassen. Ein Teil blieb auch auf Befehl zurück, um im Hinterland Guerillaaktionen zu unternehmen. Von den Frauen erreichten nur 35 Jenan, darunter die Gattinnen von Tschou En-Lai (Deng Ying-tschao) und Tschu Teh (Kang Ke-tsching).

Beachtung verdient die Tatsache, daß auf der Seite von Tschiang Kai-shek um die Zeit, in der die Kommunisten ihren Langen Marsch unternahmen, eine beträchtliche Anzahl deutscher Militärs als Berater kämpften. Das waren sowohl Generäle wie auch niedrigere Dienstgrade, die als Spezialisten arbeiteten, zum Beispiel als Ärzte, Ballistiker, Militärtechniker, Kartografen, Chemiker.
Zu ihnen gehörten unter anderem:
General Alexander von Falkenhausen,
General Gudovius,
General Lindemann,
General Graf von Moltke,
General Knobelsdorff,
General Wetzel,
General Otto Bauer,
General Oskar von Boddin,
Oberst Wilck,
Hauptmann Meyer,
Oberleutnant Gustav Boegel,
Leutnant Hummel,
Unteroffizier Pohle.

BEGRIFFSERKLÄRUNGEN

Chinesischer Kaiserstaat: zu den machtpolitischen Säulen des konfuzianischen China zählten Kaiser, Zentralregierung und eine in mehreren Ebenen gegliederte Lokalverwaltung, das Kaisertum selbst baute auf einer dreifachen Plattform auf, dem Priestertum des Kaisers (galt als Vermittler zwischen Himmel und Erde »Himmelssohn«), der konfuzianischen Lehre und den autoritären Regeln einer jahrhundertealten Regierungspraxis. Das »Reich der Mitte« (d. h. Mitte »unter dem Himmel«) wurde letztlich einzig und allein durch eine kaisertreue Beamtenschicht getragen. Das traditionelle chinesische Staatswesen erlitt erstmals mit dem verlorenen Opiumkrieg von 1839/40 einen schweren Rückschlag. Mit dem Vertrag von Nanking 1842 begann die Periode der »Ungleichen Verträge« mit westlichen Mächten (z. B. die Verpachtungen), das chinesische Kaisertum wurde weiter gedemütigt durch Zugeständnisse verschiedener Art, z. B. Errichtung von ausländischen Niederlassungen, Abtretung der Zollhoheit, Stationierung fremder Streitkräfte usw. Militärische Auseinandersetzungen gab es weiter mit England und Frankreich 1856/60, 1884/85 gegen Frankreich und 1894/95 gegen Japan. Sei beschleunigten die innere Schwächung Chinas, große Aufstandsbewegungen gegen die kaiserliche Dynastie endeten mit hohen Menschenverlusten. Während der

»Taiping-Revolution« (1850-1864) kamen etwa 30 Millionen Menschen ums Leben. Eine dramatische Zuspitzung fand zu Beginn des 20. Jahrhunderts statt (»Boxer-Aufstand«). Unter maßgeblicher Führung des »Vaters der chinesischen Revolution«, Sun Yat-sen, fiel die Tjing-Dynastie 1911 auseinander, damit endete die mehr als zweitausendjährige Tradition des chinesischen Kaisertums.

Militärische Konflikte mit Japan: Ab 1894 drängte Japan verstärkt auf das chinesische Festland. Nach dem chinesisch-japanischen Krieg 1894/95 gab es weitere Versuche Japans, in China Fuß zu fassen. Bereits 1910 erfolgte die Aufteilung der Mandschurei in eine nördliche (russische) und eine südliche (japanische) Interessensphäre. Am 7. November 1914 eroberten japanische Truppen Tsingtau auf der Halbinsel Schantung. In den 20er und 30er Jahren unseres Jahrhunderts gab es verstärkte Bestrebungen zur Inbesitznahme chinesischer Gebiete. Im September 1931 überfielen japanische Truppen Nordostchina. Anfang 1932 überfiel Japan die Hafenstadt Shanghai, Hauptzentrum des britischen Handels und das Gebiet mit den meisten amerikanischen Kapitalanlagen (ca. 400 Niederlassungen). 1932 bildete Japan den neuen Staat Mandschukuo. Im Sommer 1937 fiel eine 100 000 Mann starke japanische Armee in China ein. Nach der Eroberung von Peking und Kalgan erfolgte eine Beschießung von Shanghai. Ab 1939 wurden alle in China stationierten Truppen unter Einbeziehung der Kuomintang gegen die »befreiten Gebiete« und kommunistischen Partisanen eingesetzt. 1944/ 45 lief die letzte große Offensive japanischer Truppen gegen die Kuomintang mit dem Ziel, eine kontinentale Verbindungslinie von Nordostchina nach Singapur zu schaffen.

Mandschukuo: Von Japan 1932 auf einem Teil Nordost-chinas errichteter Marionettenstaat mit dem Status eines Kaiserreichs, etwa 0,8 Millionen qkm mit rund 22 Millionen Einwohnern. Als Regent wurde von den Japanern der letzte Kaiser der 1911 gestürzten Tjing-Dynastie, Pu Yi, eingesetzt. 1945 wurde Mandschukuo wieder Bestandteil Chinas.

Shanghai: Bedeutende chinesische Hafen- und Handelsstadt am Huangpu, in den 30er Jahren waren hier ausländische Niederlassungen (sog. Settlements) konzentriert. Zu den chinesischen Einwohnern kam ein hoher Prozentsatz von Ausländern. 1921 wurde in Shanghai unter Mitwirkung des jungen Mao Tse-tung die KP Chinas gegründet. 1930 gingen 51 % der direkten Einfuhren und 35 % der direkten Ausfuhren über die Stadt. Shanghai verfügte in den 30er Jahren über mehrere Universitäten und Hochschulen und war Mittelpunkt des geistigen Lebens in China. Anfang 1932 gab es schwere Kämpfe zwischen japanischen und chinesischen Truppen. Mit Beginn des chinesisch-japanischen Krieges 1937 erfolgten schwere Luft- und Seeangriffe auf die Stadt. Von 1945 bis 1949 blieb Shanghai unter Kuomintang-Herrschaft. Im Mai 1949 wurde es durch Truppen der Volksbefreiungsarmee erobert.

IWO JIMA

Insel ohne Wiederkehr.
Der Sprung nach Japan

208 Seiten, 27 SW-Abb., 2 Karten, 19,90 DM
ISBN 3-89488-100-3

BEREITS ERSCHIENEN!

36 Tage dauerte der Kampf um die öde Vulkaninsel Iwo Jima, den vielleicht wichtigsten Außenposten, den Japan 1945 außer Okinawa noch im Pazifik hatte, bevor es selbst zum Angriffsziel der Amerikaner wurde. 22 000 japanische Soldaten verteidigten die zur Festung ausgebaute Insel. Nur wenige überlebten den Kampf. Aber auch die Angreifer mußten annähernd 6 000 Tote hinnehmen, die höchsten Verluste, die das Marinecorps je hatte. Iwo Jima wurde von den USA als Startplatz und Ausweichflughafen für ihre B-29-Bomber benötigt, die Tokio und andere Städte angriffen. Aus Dokumenten und Berichten Überlebender stellte Harry Thürk diesen packenden Bericht über eine Schlacht zusammen, die in Europa wenig bekannt wurde, obwohl sie für den Ausgang des Zweiten Weltkrieges in Fernost entscheidende Bedeutung hatte. Eine weitere interessante Arbeit für die Leser, die bereits Harry Thürks Dokumentationen wie PEARL HARBOR, SINGAPORE, MIDWAY, BURMA und andere kennen, und für all jene, die über die Geschichte des Zweiten Weltkrieges im pazifischen Raum mehr wissen möchten.